Toujours y croire

IRIS MITTENAERE

Toujours y croire

Harper Collins
POCHE

Conception graphique et mise en pages intérieure : Anne KRAWCZYK

HARPERCOLLINS FRANCE

83-85, boulevard Vincent-Auriol, 75646 PARIS CEDEX 13
Tél. : 01 42 16 63 63

www.harpercollins.fr

ISBN 979-1-0339-0494-6

À toutes les personnes qui ont cru en moi
et qui m'ont permis d'y croire aussi...

Préface de Line Renaud

Une fée s'est certainement penchée sur le berceau d'Iris pour la faire si jolie, si talentueuse au point de devenir Miss Univers, en n'ayant pourtant rien de prévu pour ça.

Elle a, comme moi, vu le jour dans une famille très modeste dans le nord de la France, à Steenvorde, près d'Armentières là où je suis née. « C'est le nooord ! » si cher à mon cœur ! Cette région a ancré en moi la conviction que, pour réussir, il faut un soupçon de chance et énormément de travail et de persévérance. Le succès ne tombe pas du ciel, c'est nous qui venons à lui. Par nos ancêtres, on apprend très vite la valeur du travail. Ceci m'a toujours servi pour réussir. Il n'y a pas d'autre recette.

En authentiques filles du nord, Iris et moi partageons les mêmes valeurs. Elles sont notre chance, car il faut être solide pour rencontrer le succès à un jeune âge, comme ce fut notre cas à toutes les deux : Iris en tant que reine de beauté, moi comme chanteuse d'abord puis meneuse de revue tout comme Joséphine Baker ou Mistinguette. À l'ouverture du Paradis Latin, on m'a demandé d'être la marraine. J'ai accepté bien sûr et c'est là aujourd'hui où se produit Iris. Iris vient de commencer ce chemin. C'est un chemin très long, très difficile mais fabuleux ! Elle va découvrir l'excitation des générales et l'énergie contagieuse du travail de troupe. J'ai eu la chance de me produire sur les scènes parisiennes les plus illustres, avant de partir à la conquête des États-Unis. De mon aventure américaine, je garde un attachement tout particulier à Las Vegas où je me suis produite de nombreuses années. Je sais que cette ville compte également pour Iris, car elle y a tourné l'un des plus beaux chapitres de sa carrière en rendant sa couronne de Miss Univers. Je sais à quel point cette expérience étourdissante de Miss peut bouleverser la vie d'une jeune femme, mais aussi lui donner les moyens, si elle en a le courage et la volonté, de propulser sa carrière. Ne jamais oublier d'où l'on vient. Et ne jamais oublier que c'est au public que l'on doit tout.

La chance, il faut la saisir ! Iris a prouvé que les Miss n'ont rien à voir avec le cliché de la ravissante idiote auquel certains voudraient les associer ; au contraire, toutes ces jeunes femmes concentrent de nombreux talents prêts à se déployer. C'est une belle leçon pour ceux qui doutent du potentiel des jolies femmes !

Aujourd'hui, Iris est très sensible à la lutte contre le SIDA, mon combat depuis plus de trente ans. Je l'incite à s'impliquer de plus en plus à nos côtés. Je suis très fière de ce dernier trait qui nous unit, peut-être le plus essentiel : celui de l'engagement. Ensemble, nous accomplirons de belles choses pour cette lutte contre le SIDA et mobiliser les consciences.

Je souhaite à Iris la merveilleuse carrière qu'elle mérite. Qu'elle ne cesse jamais de nous faire rêver !

Line

1

Moi, petite fille du Nord

Quand j'étais petite, ma mère m'appelait « Libellule » parce que j'étais toute menue et qu'elle trouvait ce surnom gracieux. Mais d'autres, moins tendres, me surnommaient « Clou » ou « Pique à brochette ». Car je n'ai pas toujours été considérée comme une reine de beauté, tant s'en faut. J'ai dû faire face aux moqueries, à l'hostilité de certains, et me construire malgré tout, grâce à l'amour de mes proches. Heureusement, j'avais pour moi beaucoup d'atouts. Fille du Nord, fille de profs, j'ai été élevée dans les grands espaces, sur une terre tenue loin des caméras, des paillettes et du glamour. Et mon pays, s'il est plat, m'a toujours offert de rêver car l'horizon y est sans bornes.

LE BÉBÉ DE LA BOÎTE

Tout commence à Lille, le 25 janvier 1993, quand je fais à mes parents la surprise de venir au monde avec un mois et demi d'avance. Comme je ne pèse que 2,4 kg, ma première maison est une couveuse. J'y séjourne pendant onze jours, inconsciente de la curiosité que je suscite chez ma sœur Cassandre, 5 ans, et mon frère Baptiste, 2 ans, pour qui je suis « le bébé de la boîte ».

Baptiste ignore alors qu'il m'a précédée dans cette voie : il est né à 6 mois et demi, après une grossesse dite *fragile*, que ma mère avait en bonne partie passée allongée. Les bébés prématurés semblent être une spécialité maison, mais, une fois sortie de ma couveuse, je m'accroche, prends des forces et, très vite, je deviens un bébé tout potelé. Des rondeurs qui ne dureront pas ! Dès le plus jeune âge, j'adopte la physionomie familiale, mince et longiligne.

Inspirés par l'Histoire, une passion qu'ils partagent, mes parents me prénomment Iris ; n'y voyez aucun penchant pour la botanique ! Après avoir nommé ma sœur Cassandre, ils vont à nouveau chercher dans la Grèce antique le prénom de la messagère des dieux, celle qui prend la forme d'un arc-en-ciel. Un prénom prémonitoire pour une Miss Univers, me fera remarquer ma mère qui voit des signes partout. Le film *Stanley et Iris*, sorti en 1990, a aussi joué un rôle : Jane Fonda (Iris) apprend à lire et à écrire, le soir, à un Robert De Niro analphabète. Une source d'inspiration idéale pour mes professeurs de parents qui ne croient en rien de plus beau qu'en l'éducation.

Je n'ai aucun souvenir de mes premières années dans notre maison d'Halluin, si ce n'est ceux que je reconstitue à partir de vieilles photos. À ma naissance, mes parents ont 27 et 28 ans et déjà une longue histoire derrière eux, puisqu'ils se sont rencontrés au lycée. En plus de s'occuper de trois enfants en bas âge, tous deux travaillent : à l'époque, ma mère est professeur des écoles (elle deviendra plus tard conférencière au musée des Flandres) et mon père est prof d'histoire-géo dans un collège. Un temps, ils projettent de partir dans le Sud et mon père obtient un poste à Perpignan. Ma mère choisit finalement de ne pas le suivre. J'ai 3 ans quand le divorce a lieu.

Les origines de mon père

« Notre nom est flamand. Mon arrière-grand-père, Charles Mittenaere, vivait en Belgique, à Menin, mais mon grand-père, Marcel, et son frère naissent à Tourcoing. Pendant la guerre, ils s'engagent tous deux dans la Résistance, chez les FTP (Francs-tireurs et Partisans), mais ils sont dénoncés et évitent de justesse la déportation. Du côté de ma mère, on vient des mines. Notre famille, ch'timi dans l'âme, a toujours été très engagée en politique, dans la lutte ouvrière, et plus largement pour les droits de l'homme. L'arrière-grand-mère d'Iris, Madeleine Mittenaere, a même été la première femme française élue dans le Nord, ce qui est une grande fierté ! Iris n'est pas politisée, mais c'est une combattante, qui tient sans doute sa force et son tempérament de ses aïeux. »

Après le départ de mon père, nous quittons notre maison pour nous installer tous les quatre dans un petit appartement à Roncq, le premier qui a laissé une trace dans ma mémoire. Je revois la chambre aux lits superposés que Baptiste et moi partageons alors, tandis que Cassandre a sa propre chambre, minuscule mais rien qu'à elle. Quant à notre mère, elle dort dans le canapé-lit du salon. Rapidement, mon frère souffre de l'exiguïté du lieu, lui qui ne s'épanouit qu'au grand air, lorsqu'il peut mettre les mains dans la terre ou cueillir des fleurs. Avec maman, il fait même pousser des tomates et des plantes sur le petit balcon. Ces années sont difficiles à vivre, surtout pour ma mère, qui travaille beaucoup tout en s'occupant tendrement de nous trois. Loin de se lamenter sur son sort, elle s'accroche et s'efforce de toujours mettre l'accent sur l'aspect positif des choses. Ce tempérament lui a d'ailleurs valu le surnom de Panglotte, dérivé féminin de Pangloss, le philosophe résolument optimiste de Voltaire, dans *Candide*.

Au bout de deux ans, le manque de place devient intenable. Cassandre s'apprête à entrer en sixième ; mon frère et moi, de vrais casse-cou habitués à se chamailler, sommes à l'étroit dans notre chambre. Il est temps de trouver plus grand. Ma mère nous prépare alors à l'idée de quitter la métropole lilloise, où tout est trop cher, pour aller s'installer dans une maison à la campagne. La campagne… Ce mot aux mille promesses déchaîne déjà mon imagination. L'agent immobilier trouve alors notre future maison, mais nous met en garde : « J'ai bien quelque chose de calme à vous proposer, mais c'est loin de tout et pas en très bon état… » Résolue à changer de vie, Panglotte passe outre l'avertissement.

Quelques jours plus tard, nous découvrons notre ville. Steenvoorde, 3 500 habitants, en plein cœur des Flandres. Quand nous arrivons devant la bâtisse que nous appellerons bientôt « la petite maison dans la prairie », j'ai un véritable coup de foudre. Il y a des chats partout, et j'adore ça ! Je n'en ai jamais eu, mais je rêve d'en avoir, et c'est l'occasion parfaite. Ma mère, quant à elle, est charmée par la quiétude du lieu, l'espace et la vue magnifique sur le mont Cassel, où nous prendrons l'habitude de ramasser des châtaignes, près du moulin, à l'automne. Après deux ans passés dans un appartement confiné, sur un boulevard bruyant, cet endroit a tout du paradis : une maison rien qu'à nous, en pleine nature, un monde à découvrir. Baptiste n'aura que le seuil à franchir pour profiter des fleurs et des arbres qu'il aime tant. Et notre chien pourra vivre beaucoup plus à son aise que dans l'appartement. Que demander de plus ? Ma mère achète.

Pour nous, c'est une nouvelle ère qui commence. Dans la maison, chaque jour apporte son lot d'étonnement, de découvertes. Je me régale à observer les chats qui règnent en maître sur leur territoire, les vaches qui paissent dans les champs voisins. Pourtant, l'agent immobilier a dit vrai : notre nouveau chez-nous est plus que rudimentaire. Il n'y a ni gaz ni eau chaude, et seulement deux prises de courant. Nous passerons de longues années dans les travaux pour parvenir à installer un minimum de confort. Cela peut sembler rude mais, à l'époque, je ne m'en soucie pas. Pour un enfant, l'inconfort d'un intérieur rustique est bien peu de chose quand on peut jouer toute la journée dehors !

Une vie de trappeurs selon ma mère

> « Les premiers mois, nous n'avions pas d'eau chaude. Quand je rentrais du travail, je faisais chauffer des marmites et je versais l'eau dans la baignoire. Iris adorait ça. Mais il en fallait tant ! En plus, comme nous n'avions qu'une plaque de cuisson, nous devions choisir : faire chauffer de l'eau pour le bain ou pour les pâtes ? C'était cornélien ! Parfois, on mettait des pommes de terre à cuire dans la cheminée. Ça résolvait le dilemme. On se disait qu'on vivait comme des trappeurs, et ça amusait beaucoup les enfants. »

Si notre vie change du tout au tout, c'est aussi parce que notre terrain de jeux est désormais sans bornes. Nous nous sentons merveilleusement libres. Je me revois courant dans les champs, dans les bois, marchant sur des chemins ou jouant sur la terrasse, toujours collée aux basques de mon frère. Comme nous avons moins de deux ans d'écart, il est mon partenaire de jeu privilégié, mon modèle absolu. Avec deux bouts de bois et trois brindilles, il fait des sculptures ; avec l'argile du jardin, il façonne des poteries, et, plus épatant encore à mes yeux de petite fille, il sait construire des cabanes ! Il ne m'en faut pas plus pour lui vouer une profonde admiration. Tous les deux, nous nous amusons à nous perdre dans les champs de maïs de notre voisin agriculteur en imaginant qu'ils sont d'immenses labyrinthes. Nous jouons aussi souvent à faire du feu et à y faire griller des chamallows, des épis de maïs ou encore des galettes de boue que nous modelons en nous en mettant partout… C'est notre passe-temps favori et, même s'il y a quelques dégâts collatéraux, nous sommes tous les deux convaincus d'être de grands maîtres du feu !

Ma pire bêtise

> Un jour, Baptiste a voulu construire un lance-flammes. Il a regardé comment faire sur Internet, et nous sommes passés à deux doigts (disons, deux mètres) de la catastrophe. D'immenses flammes ont couru sur toute la terrasse, heureusement sans nous brûler, ni faire flamber la maison. Nous avons eu très peur, mais ça ne nous a pas guéris pour autant !

Vivre dehors, c'est pour ainsi dire une philosophie familiale. Que ce soit chez ma mère ou chez mon père, à Perpignan, on est toujours encouragés à aller se balader, s'aérer l'esprit, prendre l'air. Je crois bien que c'est une manie de profs ! Mes grands-parents paternels, tous les deux professeurs des écoles, nous tiennent le même discours. Toute notre enfance, nous entendrons dire : « Allez, on va faire un tour dehors, ça va nous faire du bien ! »

L'ATTRAPE-RÊVES

Malgré ma profonde joie de vivre et l'amélioration progressive de nos conditions de vie, je suis une enfant anxieuse. Le soir, des terreurs nocturnes me tiennent éveillée, comme en alerte. Pour repousser la nuit, je fais durer le moment des câlins autant que possible et rappelle sans cesse ma mère sous le moindre prétexte. Dans mon lit, pour me rassurer, je m'entoure d'un rempart de sacs et de coussins, d'une armée de nounours, de lucioles qui éclairent doucement quand je les presse. Mais rien n'y fait : je ne parviens pas à m'endormir ou bien je me réveille en pleurs. Ma mère met alors en place un tendre cérémonial : chaque soir, elle me caresse la tête et, ce faisant, fait mine d'en extraire des cauchemars en tirant sur un fil. Elle les jette alors par terre, au rythme des incantations qu'elle invente. Un jour, elle m'offre un attrape-rêves pour y emprisonner les pensées qui m'effraient. Je me sens immédiatement apaisée, protégée par son amour.

Ainsi, depuis toujours, les objets et grigris aux propriétés mystiques me rassurent. Lorsque nous prenons l'avion pour aller chez notre père (Lille-Perpignan, 1 100 kilomètres), je glisse toujours la photo de ma mère dans mon petit sac à dos, ainsi que deux ou trois bricoles choisies dans ma chambre. Je n'ai que 3 ans lors des premiers vols, Baptiste 5 et Cassandre 8. C'est une sacrée aventure quand on est si petits de monter dans un avion, d'être en plein ciel, tout seuls, sans nos parents, même si nous sommes pris en charge par le personnel navigant. Dans ces moments-là, je m'en remets entièrement à mon frère et à ma sœur, et nos liens se resserrent : nous sommes soudés, solidaires, attentifs les uns aux autres.

Superstition & gri gri

Dans mon enfance, j'ai cultivé les superstitions. Quand j'avais mal à la gorge, le soir, ma mère me mettait une chaussette qui avait servi sur le cou. Quand j'avais une verrue, elle me disait de la frotter avec un bout d'oignon et d'enterrer ce dernier au fond du jardin. Chaque année, on accrochait une nouvelle tresse de houblon sur une poutre dans la maison ; je volais quelques têtes pour les mettre sous mon oreiller, afin de favoriser le sommeil. Je crois aussi au pouvoir des pierres, aux porte-bonheur, aux attrape-rêves... Encore aujourd'hui, à chaque fois que je dois prendre l'avion, j'appelle ma mère pour qu'elle pense à moi pendant le vol, car j'ai l'impression que ses pensées me protègent.

Quand nous arrivons à Perpignan pour les vacances, nous partons directement chez nos grands-parents, dans l'arrière-pays. Ils ont là-bas une belle maison en pierre avec une vue magnifique, l'ancienne demeure d'un boulanger, où nous passons l'essentiel des vacances. Dès notre arrivée, j'attends avec impatience le rituel qui marque le début du séjour : celui du *vieux chêne*. C'est une balade qui nous reconnecte les uns aux autres après les périodes d'éloignement.

Notre père et notre grand-mère nous y conduisent d'un pas tranquille. Arrivés près de l'arbre, nous nous donnons tous la main pour en faire le tour – quand nous étions petits, nous avions du mal à garder nos mains jointes, même à cinq. Une fois que nous sommes calés contre le tronc, la joue posée sur l'écorce, notre père nous demande de respirer tout doucement, et de prendre conscience de la vie et de l'énergie qui vibrent, là, contre notre peau. Ces souvenirs sont mes trésors. Avancer ensemble, se donner la main, s'unir autour d'un tel symbole de vie, de pérennité, ce sont des moments d'une force incroyable. Des moments que je n'ai jamais oubliés.

Aujourd'hui encore, j'adore me balader en forêt, toucher l'écorce des arbres, écouter le vent dans les feuilles, respirer les odeurs d'humus et de terre. J'aime me trouver dans des endroits où rien ne rappelle la présence humaine : pas un immeuble, pas une voiture, personne... C'est ce que j'apprécie quand je rentre chez mes parents. Il n'y a rien de mieux pour se ressourcer, se reconnecter avec soi-même et prendre du recul. Je suis heureuse de constater que les gens commencent à prendre conscience des bienfaits de la nature : on voit émerger depuis quelques années la sylvothérapie, les « bains de forêt »...

Avec notre père, nous nous allongeons au milieu des sentiers ou des champs pour sentir l'énergie de la terre, pour observer les nuages. Il se moque bien qu'on se salisse ou qu'on abîme nos vêtements ! L'important, pour lui, c'est d'expérimenter et de partager des sensations. Il a le don de donner une dimension exceptionnelle aux choses, de leur conférer une empreinte mystérieuse. Peut-être parce qu'il ne nous voit que pendant les vacances et désire ancrer profondément en nous ces moments partagés. Le soir, il nous raconte des histoires formidables, mêlant ses souvenirs d'enfance à d'autres qu'il invente, jouant à brouiller la frontière entre rêve et réalité. Parfois, nous lui donnons les ingrédients : je demande une princesse, mon frère un lac gelé et ma sœur un zombi, et il invente !

La bataille de boue selon mon père

« Quand les enfants venaient en vacances, nous partions souvent ensemble nous promener. Je leur disais de respirer le thym, le romarin, la lavande... De se frotter les mains dans ces herbes et de s'en parfumer le cou. La nature nous offrait de nombreux cadeaux, et à moi beaucoup d'occasions de leur apprendre des choses. En bas de la maison, par exemple, il y avait une carrière de bauxite, une roche rouge dont les hommes préhistoriques se couvraient le visage pour se protéger du soleil. Une fois, nous avons fait une bataille de boue rouge. J'ai été le premier à lancer. Baptiste a été surpris, mais il s'est bien défendu après ! Ça n'était pas tout à fait du paintball, mais on n'en était pas loin ! »

À Perpignan, notre père nous poursuit jusqu'à ce que nous nous soyons acquittés de nos responsabilités d'écoliers : les devoirs. Selon lui, il faut s'en libérer rapidement pour passer à l'essentiel, s'amuser, discuter, se cultiver, créer… Alors, nous consacrons les premiers jours des vacances à travailler, malgré le beau temps qui nous nargue à travers les fenêtres. Si, par malheur, l'un de nous traîne un peu, il s'impatiente : « Nom d'une pipe, terminez vite, qu'on aille regarder les oiseaux ! »

C'est le même refrain à Steenvoorde, chez maman : les devoirs passent avant tout. En semaine, nous avons l'interdiction formelle de regarder la télévision (et, plus tard, l'ordinateur), qui reste strictement réservée au week-end. Une famille de profs, ça ne plaisante pas avec l'école ! Quant aux vacances, elles riment souvent avec musées, visites d'églises et découverte du patrimoine national. Ma mère s'étant spécialisée dans l'histoire de l'art et de l'architecture, on en subira longtemps les conséquences ! Aujourd'hui, je mesure la chance que j'ai eue. Mes parents avaient à cœur d'éveiller notre curiosité et d'enrichir notre culture. Mais, il faut bien l'avouer, quand j'étais enfant, la perspective de visiter un monument historique alors que la plage était à deux pas ne soulevait pas toujours en moi un grand enthousiasme…

LA PETITE SŒUR DU SUD

Vous l'aurez compris, mon frère et ma sœur tiennent une grande place dans ma vie d'enfant. Je ne peux pas me passer d'eux, même si, à cet âge, la frontière est mince entre le jeu et le rapport de force. Quand je joue avec Cassandre, par exemple, les choses peuvent très vite déraper. Elle est très ordonnée, très soigneuse. Tout le contraire de moi ! Elle déteste qu'on déplace quoi que ce soit dans sa chambre et passe un temps fou à peigner ses Barbie ou à ranger leurs chaussures en quinconce. De mon côté, je préfère leur couper les cheveux ou les envoyer valser.

Pour ma mère, chacun cherche sa place

> « Iris a traversé une période difficile alors qu'elle avait 7 ou 8 ans, au moment où la petite Manon venait de naître. Tout en étant très heureuse d'avoir une petite soeur et de la voir pendant les vacances, Iris a été perturbée par cet événement. Elle avait du mal à se positionner dans la fratrie, elle était tendue… »

Être la petite dernière, ça m'apprend très tôt à me dépasser. Dans les joutes physiques, ma sœur et mon frère sont naturellement plus forts que moi. Ils sont aussi plus doués pour les jeux de stratégie ou de société. Et c'est normal, ils ont de l'avance, ils connaissent plus de choses. J'ai beau me battre comme un petit diable, je perds la plupart du temps. Comme je déteste perdre, je râle de plus belle. Et plus je râle, plus Baptiste et Cassandre se moquent de moi. Tous les petits derniers me comprendront… Et j'avoue qu'il m'arrivait de faire des crises épouvantables !

Un jour, pourtant, je perds ma place de petite dernière. Mon père et ma belle-mère nous présentent Manon, la nouvelle « petite sœur » dont j'entends parler depuis quelques mois. À chaque période de vacances, je la vois grandir, je m'occupe d'elle. Nous prenons des bains ensemble, je lui raconte des histoires et nous passons des journées entières à jouer, toutes les deux. J'essaie d'endosser à mon tour le rôle de la « grande » et les responsabilités qui vont avec : veiller sur la plus jeune, montrer l'exemple, faire preuve de patience… mais devoir tout partager, ce n'est pas toujours facile.

Ma petite sœur, Manon, et moi

> « Quand Iris venait en vacances, notre jeu préféré était de s'habiller de la même façon. Le matin, on choisissait une tenue dans sa valise et, après, on cherchait dans mon armoire ce qui s'en approchait le plus. On regardait aussi des émissions de mode et on faisait plein d'essayages. On était très proches, malgré les huit ans qui nous séparent. Pour moi, la "grande sœur", c'était plutôt Cassandre. »

LES SURNOMS QUI BLESSENT

À l'école, je fais partie des bons élèves. Il faut dire qu'avec des parents profs et des grands-parents directeurs d'école, je suis bien encadrée ! À chaque rentrée, au primaire, au collège ou au lycée, je suis précédée par la réputation de ma sœur aînée, éternelle première de la classe. En me voyant arriver, les enseignants se disent : « Ah ! une petite Cassandre, ça va être super ! » Je serai toujours aussi bonne élève qu'elle, mais je me montrerai en revanche beaucoup plus dissipée…

C'est dans la cour de la récréation que les choses se gâtent. Je me bagarre systématiquement avec les garçons. Ou plutôt, je me défends. Quand ils m'insultent ou se moquent de moi, je ne me laisse pas faire : je rends coup pour coup. Comment ne pas riposter lorsqu'ils s'amusent à me viser avec des ballons pleins de boue ? Je me souviens d'une des terreurs de la récré, un certain Rémi. Il donnait sans arrêt des coups de pied à tout le monde, mais ce qui m'énervait le plus, c'est qu'il le faisait sournoisement, sous les tables. Nous avions tous des bleus aux jambes. Un jour, excédée par son attitude, je l'ai mis à terre et je l'ai frappé à mon tour. Ce n'est pas la meilleure idée que j'aie eue, c'est sûr, mais cette situation ne pouvait plus durer (et je ne lui ai pas fait bien mal, promis !). Par la suite, j'ai appris à m'y prendre autrement pour faire face à ce genre de situation, mais le sentiment d'injustice est quelque chose qui, aujourd'hui encore, me fait particulièrement réagir.

Si je me bats à l'école, la plupart du temps, c'est parce qu'on me dit que je suis maigre. On me surnomme « Pique à brochette », et ça me blesse au plus haut point, même si je ne suis pas la seule dont on se moque : il y a aussi celle qui porte des lunettes épaisses, celui qui a des boutons…

Recette de famille

La pâte magique !

Avec cette pâte, vous pouvez faire des tartes sucrées ou salées… c'est magique !

Ingrédients
- 10 g de levure de boulanger
- ½ tasse d'eau ou de lait
- 1 œuf
- 100 g de beurre
- 200 g de farine

- Mélanger tous les ingrédients, pétrir et disposer la pâte dans un moule à tarte. Laisser reposer.
- Pour la version salée, garnir de maroilles et de crème fraîche épaisse : vous obtenez la fameuse tarte au maroilles !
- Pour une version sucrée, garnir de crème fraîche et de cassonade : vous obtenez la « tarte au chuc'roux » !
- Cuire au four environ 20 minutes à 180 °C.

Recette de famille

La carbonnade flamande

__Ingrédients__

- 1,5 kg de viande de bœuf à braiser, de préférence de la joue (c'est le meilleur !)
- 6 oignons
- 20 g de beurre
- 3 cuillères à soupe de moutarde belge
- 3 cuillères à soupe de farine
- 1 bouteille de 75 cl de bière brune des Flandres (la rouge flamande, miam !)
- 3 cuillères à soupe de cassonade
- quelques feuilles de laurier, du thym et quelques baies de genièvre
- sel, poivre
- 8 à 10 tranches de pain d'épices

Faire cuire les oignons dans le beurre, les retirer pour faire revenir les morceaux de viande à feu vif. Baisser le feu et ajouter la farine, les oignons et les aromates, puis couvrir de bière. Tartiner les tranches de pain d'épices de moutarde et les disposer sur la viande. Saupoudrer de cassonade et laisser mijoter.

Astuce : quand le pain d'épices est bien cuit, redonner un coup de bouillon pour lier la sauce !

Les enfants peuvent être très cruels entre eux. À la maison, ma sœur et mon frère m'appellent « Clou », ou « Cloute » (eh oui : *un clou, une cloute*...). Au début, ce surnom me met hors de moi, mais je comprends rapidement qu'il est plus bienveillant que celui de l'école ; d'autant que les coupables ne sont eux-mêmes pas bien gros. Qu'ils soient gentils ou férocement méchants, tous ces quolibets vont profondément affecter la perception que j'ai de mon corps. Il me faudra beaucoup de temps pour être en paix avec mon image et parvenir à me trouver jolie.

Du reste, personne ne me dira que je le suis, pas avant mes 13 ou 14 ans. Aucun garçon ne s'intéressera à moi avant que j'en aie 15. Pendant des années, je ne fais pas partie des filles qu'on trouve belles. Celles-là sont toujours blondes et plus en chair. Pourtant, ce n'est pas faute d'aimer manger. À l'époque déjà, je raffole de charcuterie, de frites, de carbonnade et de gâteaux. Je suis très gourmande, à défaut d'être une grande mangeuse.

MON RÊVE DE PETITE FILLE : DEVENIR DANSEUSE DE KAMEL OUALI

Pour m'aider à exprimer ce que je ressens, ma mère a la bonne idée de m'inscrire à un cours de théâtre. Pendant près de trois ans, je vais prendre la parole devant les autres et apprendre à me sentir à l'aise en public. Sans le savoir, j'acquiers alors des bases qui me seront utiles lors des concours de miss. Mais ma vraie passion, c'est la danse. Je suis des cours de classique, de modern jazz, de hip-hop... et j'en fais profiter ma famille en organisant des petits spectacles à la maison. La semaine, je répète mes chorégraphies dans ma chambre et, le week-end, je fais asseoir tout le monde sur le canapé. Ma grand-mère est la complice de mes shows : c'est elle qui confectionne mes costumes !

L'apprentie couturière de ma grand-mère

> « On a passé des après-midis entiers à créer des habits, toutes les deux. Petite, déjà, Iris arrivait chez nous en demandant : "Mamé, tu as des bouts de tissu ? Je voudrais me faire une robe !" Comme j'étais couturière de métier, j'ai tâché de lui transmettre les gestes de base, mais aussi le goût des belles matières, des jolis tombés et des choses bien faites. »

Je n'aurais raté cette émission pour rien au monde. Du reste, ce sera mon premier concert, à Lille. J'irai en personne applaudir les chanteurs de la troupe, juchée sur les épaules de ma mère. C'est pourquoi j'ai été émue, récemment, d'avoir eu la chance de travailler ma voix avec Richard Cross, l'ancien coach vocal de la *Star Academy*… Jamais je n'aurais pu imaginer que mon rêve devienne réalité. Je rêverai longtemps de devenir danseuse et d'intégrer la troupe de Kamel Ouali, le chorégraphe de la *Star Academy.*

LE REGARD DES GARÇONS

L'entrée au collège est souvent une période sensible, où les élèves grandissent à des rythmes différents. Tout y est catégorisé, comparé, et donc sujet à frustrations. Mon expérience ne fait pas exception. Pour ma part, je fais partie des « bonnes élèves », et non des filles populaires. Ces filles parfaitement lookées à 13 ans, à l'aise avec les garçons, servies par une bonne repartie et le dernier sac à la mode. Celles qui sont déjà un peu *femmes*.

En sixième et cinquième, je me compare en permanence. Quand je me regarde dans la glace, je vois de

Mes conseils

Faites-vous confiance

On se façonne une image déformée de soi qui nous mine et nous empêche d'être nous-même…

Faites confiance à ceux qui vous aiment.

Le regard plein d'amour de vos proches doit vous servir de boussole dans les moments de doute.

Soyez fière d'être autre chose que belle.

Soyez sympa, drôle, enthousiaste… On peut être belle et n'être appréciée de personne. On peut ne pas se trouver belle, et être aimée par beaucoup parce qu'on est quelqu'un de bien. Même quand on n'est pas sûre de soi, on peut tirer de son caractère beaucoup de plaisir et d'estime de soi. Si on n'est pas responsable du corps avec lequel on vient au monde, on l'est en revanche de son comportement.

Laissez couler !

Cette attitude suffit parfois à faire taire les critiques. Essayez d'agir comme si les moqueries n'avaient pas de prise sur vous. D'ailleurs, ceux qui critiquent sont souvent eux-mêmes très mal dans leur peau.

Désamorcez avec humour.

On vous dit que vous êtes moche, grosse, stupide ? Répliquez avec un sourire : « Tu as pourtant l'air de beaucoup t'intéresser à moi ! » On vous traite de binoclarde ? Arborez un T-shirt avec une super fille à lunettes.

Souvenez-vous de Talleyrand.

On lui prête ces paroles : « Quand je me regarde, je me désole. Quand je me compare, je me console. »

longs bras, des jambes disproportionnées, de grandes dents… comme si je ne grandissais pas uniformément. Je me trouve laide, et j'envie secrètement les autres filles, celles qui ont les yeux bleus, des cheveux blonds, de belles formes. Ma mère tente de me rassurer, me dit que j'ai encore le temps, que mon corps va se transformer, mais je n'y crois pas.

Pourtant, c'est elle qui a raison. À partir de la troisième, le regard des garçons n'est plus le même. Leur attitude change du tout au tout. Aux moqueries succèdent des taquineries plus ambiguës, faites pour attirer l'attention et non plus pour blesser. Ils m'interpellent à tout bout de champ, me provoquent, cherchent à maintenir un contact. Je les intéresse.

Pour la première fois de ma vie, j'entends dire à l'école que je suis jolie. Peu à peu, je me vois différemment. Le regard de mes camarades modifie celui que je porte sur moi, et je me sens mieux. À partir de ce moment, je vais m'intéresser de plus près à la mode et commencer à me maquiller. Mon attitude vis-à-vis des garçons se modifie, elle aussi, et les échanges deviennent plus faciles, moins conflictuels.

Au lycée, j'ai l'occasion de commencer une nouvelle vie. Je quitte Steenvoorde pour me rendre, en bus, chaque matin, à Hazebrouck, dans un établissement où je ne connais personne. Après la période mouvementée du collège, c'est une véritable bouffée d'air frais. J'ai l'impression de rencontrer des gens qui me ressemblent davantage, avec qui j'ai beaucoup de points communs. Je me sens à ma place, entourée d'élèves qui, comme moi, aiment travailler, et avec lesquels je peux passer des heures à discuter, déjeuner en ville, boire un monaco ou une Kriek pendant les vacances.

C'est aussi au lycée que je rencontre mon premier

copain, Romain. Il est très beau, plus âgé, et c'est lui qui fait le premier pas. Cette première relation renforce considérablement ma confiance en moi car, avec lui, je me sens enfin une fille comme les autres, valorisée et digne d'être aimée. Avec le recul, je sais qu'on ne devrait pas avoir besoin d'un copain pour se sentir bien, mais, à cet âge, j'ai l'impression de franchir une étape, un rite de passage. Je fais désormais partie de ce groupe de filles que j'enviais autrefois : j'ai un sac à main, un portable, un copain !

Mon premier petit copain est un ami de mon frère. Je fais sa connaissance dans la cour du lycée où je viens d'entrer en seconde. Il est en terminale, il a une mèche et un sac Longchamp. Trois attributs qui le rendent encore plus séduisant ! Ce sera une très jolie histoire, et le début d'une nouvelle vie pour moi. Car l'amour de ce garçon me donne des ailes. Parce qu'il me trouve belle, je vais avoir davantage confiance en moi. Parce qu'il est attentionné, je me sens apaisée. C'est à ses côtés que je comprends pour la première fois qu'on n'est jamais aussi belle que dans le regard de celui qu'on aime.

Au lycée, la mode est aux chemises à carreaux, slims et ballerines, et toutes les filles sont coiffées avec l'inévitable mèche en travers du front. Nous avons toutes la même coupe, le même sac – le mien, je l'avoue, est une contrefaçon qui vient du Maroc – et, c'est vrai, un style qui reflète davantage la tendance qu'une expression personnelle. Les garçons n'échappent pas à la règle, ils sont eux aussi bien plus sensibles à la mode qu'ils ne veulent bien le dire. C'est à partir de cette époque que je commence à presser ma mère de m'acheter des vêtements de marque. Ce n'est pourtant pas dans les habitudes de la maison : pour des raisons financières comme morales, ma mère ne cautionne pas les dépenses superflues. Je veux des lunettes Ray-Ban ? Je veux m'acheter du maquillage ? Alors, je vais devoir travailler…

Ma mère m'a donné le sens des responsabilités

> « Cassandre et Baptiste ne m'ont jamais demandé d'habits de marque. Iris était plus exigeante. Or, je voulais qu'elle se frotte à la réalité et qu'elle prenne conscience du prix des choses. Un jour, elle m'a demandé des Ray-Ban qui coûtaient 200 €. Je lui ai dit que je ne lui donnerais pas plus de 50 € pour des lunettes de soleil. À ce moment-là, elle gagnait 50 € par dimanche, à l'auberge. Je lui ai demandé si elle était prête à travailler quatre dimanches d'affilée juste pour des lunettes, et… oui, elle l'a fait ! »

Pour gagner un peu d'argent, je me présente au Noord Meulen, une auberge familiale, tout près de la maison. Ma mère connaît bien les restaurateurs et m'y envoie en toute confiance. Sur sa recommandation, ils m'embauchent comme serveuse tous les week-ends, le midi, et parfois le soir, pour des extras. Grâce à ce premier job, j'accède au sentiment profondément satisfaisant de gagner mon propre argent, et de pouvoir le dépenser sans rien devoir à personne. À 16 ans, je suis la seule de mes amis à travailler, et cela me responsabilise.

Mais cette indépendance est chèrement payée : je fais le service habillée en costume traditionnel, je porte des marmites de soupe très lourdes et j'ai les pieds en feu ! Mon cauchemar, c'est de voir arriver des gens du lycée. Quand j'aperçois un élève qui s'installe avec sa famille, j'use de mille stratagèmes pour éviter d'aller les servir.

Je sais que je ne devrais pas avoir honte, mais c'est plus fort que moi. Je redoute de voir la surprise se dessiner sur leurs visages, de surprendre des regards insistants, amusés, des remarques railleuses... Dans ces moments-là, je voudrais disparaître sous terre.

LES ANNÉES FAC

Alertée par le soin que je porte à mon look, ma mère me met en garde contre l'attrait des choses matérielles. Ce discours m'agace, naturellement, car j'ai l'impression que ces arguments pleins de bon sens bornent mon horizon. Au fond de moi, pourtant, je sais qu'elle a raison. Elle se démène pour subvenir à nos besoins, comme sa mère avant elle. Ma grand-mère a été placée comme bonne à l'âge de 16 ans. Elle est issue d'une famille de six enfants, où on ne mangeait souvent qu'une fois par jour. Elle s'en est sortie en apprenant à coudre et en gardant un optimisme chevillé au corps. Plus tard, elle a transmis à sa fille le respect du travail et de chaque centime gagné. Ma mère a toujours veillé à nous transmettre ces valeurs à son tour, et je lui en serai éternellement reconnaissante.

Quand le lycée prend fin, mon attention se recentre sur les études. Après le bac, j'entre en première année de médecine : plus question de look et de shopping. Ici, les autres élèves se moquent totalement des apparences. L'obsession est de gagner sa place en deuxième année : nous sommes 3 000 inscrits, il y a 500 places en médecine et 90 en dentaire. Commence alors l'année la plus studieuse de ma vie, entièrement consacrée à la préparation du concours. Je suis boursière, alors j'ai intérêt à assurer !

J'ai toujours été intriguée par le corps. Petite, je voulais déjà savoir comment ça se passait, à l'intérieur. À 6 ans, j'ai eu une carie qui s'est transformée en abcès. J'ai été soignée longtemps par un dentiste très attentif, adorable avec les enfants. Il me dessinait des dents pour m'expliquer ce qu'il allait faire... C'est lui qui m'a donné la vocation.

Dans ma petite chambre de 12 mètres carrés, située dans la cité universitaire, je travaille avec acharnement, allant jusqu'à prendre des cours supplémentaires le samedi. Je fais des centaines de fiches et j'en accroche partout : au-dessus de mon lit, dans la cuisine, jusque dans les toilettes… Dès que j'ouvre un œil, je sollicite mon cerveau. C'est une année difficile, épuisante, bien loin de l'insouciance du lycée. Je n'ai plus le temps de travailler le week-end, donc plus d'argent à dépenser ; je me contente de pâtes, à la fois économiques et rapides ! Mais c'est aussi une année passionnante, au cours de laquelle je vais exercer ma persévérance et ma force de travail. Malgré la concurrence, la fatigue et le peu de loisirs dont je dispose, je m'accroche. Et j'ai raison de le faire, parce que je vais être reçue en dentaire, comme je le souhaitais – après quelques sueurs froides.

La Revue dentaire avec mon amie Lucie

« Quand on a vu Iris débarquer à la fac de dentaire, en deuxième année, on s'est toutes demandé qui était cette superbe fille, entourée de plein de garçons. On est très vite devenues amies, elle et moi. C'était une bosseuse, mais, lors des soirées d'intégration, elle était la première à vouloir faire la fête. On faisait beaucoup de soirées déguisées et, en fin d'année, on a donné un spectacle intitulé La Revue dentaire. Avec Iris, on avait monté une troupe de danseuses, dont elle était la meneuse. À côté de ça, elle travaillait à fond et c'était de loin la plus stressée de nous tous. Pendant la période des examens, on ne la voyait plus. Plus rien n'existait hormis les révisions. »

Le jour des résultats, mon nom n'est pas affiché. Je suis effondrée, mais je pars l'après-midi même acheter un manuel pour travailler pendant l'été. Quelques jours plus tard, la fac m'appelle pour me dire qu'il y a eu une erreur et que je suis bien prise en dentaire. Je suis 89e sur 90 ! Je lâche mon livre, je pleure de joie et je me rends une semaine au Touquet avec mes amis ! Comme ce sera le cas pour Miss Flandre ensuite, mon destin s'est joué à une voix près...

À ce moment-là, j'ai l'impression d'avoir atteint un stade d'accomplissement. J'ai décroché les brillantes études que je visais, j'ai un nouveau copain rencontré à la fac, Matthieu, et je me sens bien dans ma peau. L'avenir m'apparaît aussi limpide que réjouissant. Et pourtant, c'est au moment où je crois avoir obtenu tout ce que je désire que mon destin bascule…

Je ne serais sans doute pas la même si mes parents n'étaient pas nés dans le Nord, et leurs parents et grands-parents avant eux. Je ne serais pas la même si je n'avais pas passé des heures à faire brûler des galettes de boue ou à creuser des betteraves pour en faire des lanternes à allumer le soir de la Saint-Nicolas. Je suis née de deux familles où il a fallu beaucoup travailler pour s'en sortir et où l'envie de faire progresser les autres était centrale. J'ai reçu beaucoup d'amour et hérité de valeurs fortes. Grâce à ces racines, humbles et solidaires, je vais disposer d'un bon contrepoint à la vie de luxe et de paillettes à laquelle j'accéderai plus tard.

2

De Miss Flandre à Miss France

J'avais 22 ans quand j'ai accepté le pari audacieux de concourir à Miss Flandre, et quelques mois de plus quand on m'a mis la couronne de Miss France sur la tête. En une année, j'ai découvert un monde exaltant dont j'ignorais alors tous les possibles. Pour m'y aventurer, j'ai dû abandonner ma queue-de-cheval et ma blouse blanche d'étudiante, apprendre à dénicher des robes de gala abordables, me brûler les doigts cent fois pour dompter mon fer à friser, répondre à des questions devant des milliers de personnes, essuyer les refus de plusieurs sponsors qui ne croyaient pas en moi, savourer ma revanche ensuite, et, surtout, découvrir le plaisir inégalable d'être sur scène et de jouer le tout pour le tout. À l'origine, cette histoire a commencé par un défi…

LE DESTIN TIENT À PEU DE CHOSE

Durant trois années successives, alors qu'on regarde l'élection de Miss France ensemble à la télé, Matthieu me dit : « Un jour, tu seras Miss France ; tu es aussi jolie qu'elles. » Et, chaque fois, je lui réponds : « Arrête tes bêtises, jamais j'irai là-dedans ! »

Quand arrive le message qui va changer ma vie, je suis en quatrième année de dentaire. J'adore mes études, je vis en couple avec Matthieu, j'ai une joyeuse bande de copains et un quotidien sans histoires. D'une certaine façon, ma vie semble engagée sur des rails solides, menant vers un horizon limpide. Jusqu'au jour où je suis contactée sur Facebook par l'organisatrice de l'élection de Miss Flandre : elle a vu ma photo sur son compte et insiste pour que je m'inscrive. Quand je lis son message à Matthieu, ma première réaction est d'éclater de rire. À ma grande surprise, il ne m'imite pas. Son visage est souriant, mais son regard reste sérieux : ce n'est pas une blague, il attend bel et bien une réponse de ma part !

Pourtant, je ne m'emballe pas, même si les compliments de Matthieu me touchent. J'ai toujours aimé regarder cette émission, mais, à l'époque, mon intérêt s'arrête là. Pour être tout à fait sincère, la perspective d'aller défiler sur une scène pour gagner un titre de beauté m'inspire alors plus de gêne que d'envie. Les études représentent pour moi la seule voie légitime pour « réussir » et assurer son avenir. L'univers des Miss m'est totalement étranger, et j'ai le sentiment qu'il n'est pas fait pour moi.

« N'y va surtout pas », me disait ma mère

> « Quand j'avais 17 ans, j'ai participé à un défilé en maillot de bain durant des vacances dans le Sud. Comme j'étais un peu timide, on m'avait donné un verre d'alcool pour m'aider à me lancer. Le regard des hommes était libidineux, c'était assez malsain, un peu humiliant… Alors quand Iris m'a parlé de Miss Flandre, je lui ai conseillé de ne surtout pas y aller ! Elle a d'ailleurs décliné la proposition une première fois, puis une deuxième. Et puis, un jour, elle m'a annoncé qu'elle s'était finalement inscrite. C'était le jour de mon anniversaire. Sur le coup, j'étais un peu contrariée, mais je me suis dit que c'était un signe, et que ça se transformerait peut-être en cadeau... »

À leur tour, mes copines de fac me poussent à tenter l'aventure. Habilement, elles titillent mon sens du défi : « Vas-y, tu peux le faire ! », « Allez, c'est drôle, on viendra toutes te voir ! » Et c'est exactement ce qui va me faire basculer : le goût du challenge. J'ai toujours suivi un parcours scolaire très linéaire et, soudain, on me propose de pimenter mon quotidien. La tentation est grande… Pourtant, j'hésite beaucoup. J'ai peur de ne pas aimer l'ambiance, de me retrouver dans un milieu de filles avec lesquelles je n'aurai pas grand-chose à partager. Peur de perdre, aussi. J'ai encore beaucoup de complexes et je me demande comment je vais supporter le regard des autres si j'échoue. Mais je me lance quand même, tout en m'efforçant d'en rire pour ne pas être trop blessée si les choses tournent mal.

Comme je ne peux pas assister au casting, je me présente directement aux répétitions. Dans la salle, je trouve treize autres filles, entre 18 et 23 ans. L'organisatrice nous briefe rapidement : nous avons deux après-midis et une soirée pour préparer le show. Ce sera vite passé, alors autant en profiter ! Elle nous montre comment nous déplacer sur scène et nous apprend un enchaînement. Avec mes bases en danse, ça ne me paraît pas insurmontable.

Ce n'est qu'au moment de l'essayage et du maquillage que nous avons l'occasion de sympathiser entre candidates. Je découvre un milieu bien différent de celui auquel je m'attendais : des filles accessibles et bienveillantes, qui sont surtout là pour s'amuser.

L'ambiance est super, les filles sont très sympathiques entre elles et, contre toute attente, assez solidaires : elles se prêtent leurs brosses, leur maquillage, ou se donnent des conseils sur le choix des robes... Les élections locales restent très bon enfant, ce qui encourage à se lancer dans l'aventure , même si ça se corse par la suite...

Au-delà de la compétition, ce que les filles recherchent avant tout, c'est l'excitation de la scène, le plaisir de porter de belles tenues, de se faire maquiller et coiffer. J'apprends que les plus expérimentées ont déjà concouru à dix, voire quinze, élections ! En observant les candidates pendant les répétitions, je remarque très vite qu'elles viennent des quatre coins de la région. Je suis l'une des rares à habiter dans les Flandres. C'est peut-être ma chance.

Bailleul, 2 mai 2015, 500 spectateurs. Juste avant le début du show, je repère ma mère et mes grands-parents dans les premiers rangs. Mes copines crient mon nom à travers la salle. Ça me fait rire, et ça couvre les battements de mon cœur. Je devine que Matthieu me guette, lui aussi, prêt à me mitrailler de photos avec son portable, et ça ne me réjouit pas vraiment : je suis maquillée comme une fille de saloon, les yeux très noirs, la bouche rouge vif… Un look outrancier qui ne me ressemble pas et me met mal à l'aise. Je n'en redoute que plus encore l'épreuve principale de la soirée : le discours de présentation.

Mon conseil : trouvez votre point fort

Si vous devez vous présenter lors d'un concours, trouvez votre point fort. Choisissez-le de façon à vous distinguer des autres candidates. Et, surtout, n'oubliez pas de prendre en compte ce qui va toucher votre public !

20 h 30, le show démarre. Nous entrons en scène toutes ensemble pour la chorégraphie d'ouverture – encore simple, à ce stade. Sur scène, pas moins de onze Miss en titre sont là pour animer la soirée. Puis le micro circule, et nous nous présentons les unes après les autres.

Comme je porte le numéro 14, j'interviens presque à la fin. Lorsqu'on me passe le micro, je me concentre pour parler clairement, tâchant d'oublier mon maquillage à la Jack Sparrow. En quelques mots, je mets en avant mon attachement à la terre de Flandre, de laquelle j'aimerais donner une image dynamique si je la représente. Ici, mes racines deviennent ma force.

Une fois le discours passé, j'éprouve un immense soulagement. Je peux à présent me détendre et profiter de la soirée. On enchaîne en musique avec le défilé en maillot de bain, toutes ensemble d'abord, puis l'une après l'autre. Je me rends très vite compte à quel point j'adore ça : être sur scène, exécuter une choré du mieux possible, épater le public. Le même enthousiasme que lorsque je faisais, enfant, mes petits spectacles devant ma famille… mais avec dix fois plus d'intensité, et de trac aussi !

Au moment de l'entracte, je peux enfin souffler. Je descends voir ma famille, et je suis émue devant le sourire plein de fierté de ma mère. Mes grands-parents m'encouragent : « Tu es magnifiiiique ! Tu es la plus belle ! » Leur soutien me fait chaud au cœur.

Pour autant, je ne suis pas au bout de mes peines. Un grand moment de solitude m'attend pour la finale, quand il faut défiler en tenue de soirée. En coulisses, je me retrouve affublée d'une robe peu flatteuse, qui n'a rien à faire dans un concours de beauté. Quand je me vois dans le miroir, je ne me reconnais pas. Alors que je remonte sur scène, je me demande ce que je fais là, devant tous ces gens. Je n'ai plus envie de rire. Cette tenue ne me met pas en valeur, le maquillage est excessif, il n'y a plus aucune chance que je l'emporte…

Pour le concours de Miss Flandre, j'étais mal à l'aise sur scène, à cause de mon style, et cela aurait pu me coûter mon titre. Quand on défile, il faut incarner un personnage.

Fini la jeune fille timide ou discrète : on doit être une diva sûre de son charme, une reine des podiums.

Des mains expertes nous ont coiffées et maquillées, d'autres nous ont habillées. Notre rôle à nous, c'est d'être présentes sur scène, de rayonner. Pour ça, il ne faut pas s'encombrer de pensées négatives. Ce sera mon mot d'ordre durant les shows régionaux.

23 h 45. Le jury commence à décerner les prix. Prix de l'élégance, Prix spécial du Comité... La multiplication des récompenses permet d'en attribuer au maximum de candidates possible, et d'encourager celles qui n'auront pas d'écharpe. Je prie donc pour que mon nom ne soit pas cité tout de suite...

Quatrième dauphine. Troisième dauphine. Deuxième dauphine... La tension monte. Comment vais-je réagir si je ne suis pas appelée du tout ? Je regarde les autres filles, qui sont toutes comme moi. En panique. On appelle alors la première dauphine, c'est fichu ! Il y a parmi nous une très belle candidate qui a participé à plusieurs élections et qui est toujours arrivée première dauphine. Il serait logique qu'elle soit élue Miss Flandre, cette fois. Comme je le redoutais, je me sens déçue et un peu vexée de n'avoir même pas eu un prix de consolation...

Mais c'est mon nom qui est appelé ! Un tonnerre d'applaudissements accueille l'annonce, et des cotillons fusent dans tous les sens. On me met l'écharpe, une couronne, on me donne un bouquet de fleurs, et on me pousse sur le devant de la scène, où je défile comme un automate. Je n'arrive pas à réaliser ce qui m'arrive. Devant moi, une foule de 500 personnes crie « Iris, Iris ! » J'aperçois ma famille, déchaînée. Matthieu, applaudissant à tout rompre. Mon grand-père maternel, debout sur sa chaise ! C'est un moment exceptionnel, mille fois plus émouvant que je ne l'aurais cru. Je comprends alors seulement que cette victoire, je la désirais profondément, sans vraiment oser me l'avouer. Elle sonne pour moi comme une revanche sur les années difficiles de l'adolescence. J'apprendrai plus tard que le jury est très partagé ce soir-là, et que j'ai été élue à une voix près ! Sans cette voix-là, je n'aurais jamais poursuivi l'aventure des Miss, et je serais sans doute dentiste aujourd'hui. Le destin tient parfois à un fil…

Après un quart d'heure d'interviews et de séances photo, je retrouve ma famille qui me ramène à la maison. Ravie de leur avoir offert une belle soirée et de les avoir rendus si fiers, je vais me coucher, heureuse et épuisée. Sans avoir conscience que je suis montée sur un manège dont je ne vais plus pouvoir descendre.

MA NOUVELLE VIE COMMENCE

3 mai 2015. Un million de messages m'attendent au réveil. Je dois répondre à des interviews pour *L'Indicateur des Flandres* et *La Voix du Nord*. Le midi, Dominique Vilain-Allard, délégué régional du comité Miss France, m'invite à déjeuner pour m'exposer le programme : séances de dédicaces, événements chez des sponsors, et animation des élections locales avec d'autres Miss. Je suis sur un petit nuage quand je retourne à la fac ! D'autant qu'une magnifique nouvelle vient compléter ce tableau : ma grande sœur m'annonce qu'elle est enceinte.

Une fois élue Miss Flandre, j'abandonne mon travail de serveuse pour pouvoir consacrer mes week-ends à l'animation des élections locales. Maintenant que j'ai une écharpe, mon rôle consiste à animer les shows, à danser et à guider les candidates sur scène. Comme je ne concours pas, ce n'est que du plaisir ! L'ambiance est détendue, je me régale sur scène et je fais beaucoup de nouvelles rencontres.

Ce soir-là, ma victoire n'a tenu qu'à une voix. Pour

mon entrée en dentaire, mon passage n'avait tenu qu'à une place. Dans ma vie, le destin m'a parfois donné des sueurs froides ! Rien ne m'a été offert et j'ai dû me battre pour faire pencher la chance de mon côté. Dans le concours de médecine comme dans les concours de miss, la règle de la « place près » prévaut. Mon destin aurait pu être tout autre si, autour de moi, une seule personne avait fait un choix différent (un juré, une candidate...), avec des conséquences déterminantes sur mon parcours. Mais j'ai compris très vite que, dans un contexte de compétition, il me faudrait travailler avec acharnement sans jamais baisser les bras, ne rien lâcher. Et surtout, toujours y croire.

Mais je découvre aussi l'envers du décor. Les tensions entre certaines candidates, les enjeux d'image que je n'avais pas tout de suite perçus. Chaque élection locale est une marche vers l'élection régionale, car c'est au titre de Miss Nord-Pas-de-Calais que nous aspirons toutes. Et que nous soyons déjà Miss ou simple candidate, chaque fois que nous montons sur scène, nous sommes observées sous toutes les coutures par les comités Miss Nord-Pas-de-Calais et Miss France auxquels rien n'échappe…

Ce qui me surprend, c'est que nous devons acheter nous-mêmes nos tenues et notre matériel. Le Comité nous donne une centaine d'euros par week-end, en espèces ou en bons d'achat, mais cela s'avère vite insuffisant. Une location de robe de soirée coûte en moyenne 80 euros, auxquels il faut ajouter 15 euros de pressing. Sans compter les frais de transport, les chaussures, le maquillage : fond de teint, anticernes, blush, fard à paupières, crayons à sourcils, mascara, pinceaux, laque, accessoires… Tout ça coûte cher. Plus je franchirai d'étapes dans l'aventure des Miss, plus les sommes à avancer seront importantes. Mais je prends ça comme un investissement. Le prix à payer pour partir gagnante.

Ma première robe de soirée ? Je la trouve sur Le Bon Coin. Une robe longue, bleue, avec de la dentelle qui découvre les jambes. 40 euros, une affaire ! Sauf que, dès lors que vous portez une tenue sur scène, impossible de la remettre à l'élection suivante. Pareil pour les chaussures. Pour pouvoir « tourner », il faut donc s'équiper de basiques : des escarpins dorés, des argentés, des noirs, des *nude*. J'avais l'impression d'être revenue au lycée, quand il fallait sans cesse changer d'habits et de sac à main pour rester dans le ton.

Personne ne nous oblige à engager tous ces frais, bien sûr. Mais, ayant été élue à une voix près, j'ai le sentiment qu'on m'a donné une chance. Je dois montrer que je la mérite, et tout mettre en œuvre pour réussir. Pour trouver un sponsor, je fais le tour des boutiques de vêtements et de cosmétiques, instituts de beauté, bref, j'écume la région… en vain. Les commerçants sont déjà engagés, ils soutiennent d'autres candidates. Mais je ne baisse pas les bras pour autant. Personne ne croit en moi ? Je vais leur prouver à tous qu'ils ont tort.

Pourtant, dès qu'on porte une écharpe, le regard des autres n'est plus le même. Des inconnus s'intéressent soudain à vous, des commerçants vous offrent votre croissant ou votre café, vous accédez à des soirées qui, jusque-là, étaient privées. Même à un niveau local, la notoriété ouvre des portes. En retour, vous perdez la tranquillité de l'anonymat, votre liberté de dire ou de faire ce que vous voulez. Plus votre titre est important, plus ces effets sont amplifiés...

LA RENCONTRE QUI VA TOUT CHANGER

Lors de ma première apparition en tant que Miss élue, je rencontre William, maquilleur-coiffeur officiel de Miss France. Il me connaît déjà car il a fait partie du jury de Miss Flandre… sauf qu'il n'a pas voté pour moi. En

Élections locales : la valise idéale

✓ Testée et approuvée !

1. Sous-vêtements couleur chair
2. Escarpins ou sandales à talons
3. Jolies chaussures confortables (vos pieds vous remercieront !)
4. Une belle robe de jour d'une couleur que l'on aime pour se démarquer sur les photos
5. Une robe de soirée pour la sortie (pailletée/noire/rouge)
6. Bouteille d'eau (l'hydratation est es-sen-tielle)
7. Barre de céréales ou encas (avec la fatigue et le stress, les crises d'hypoglycémie sont vite arrivées…)
8. Maquillage (indispensable)
9. Boucleur et laque (beaucoup de laque !)
10. Huile pailletée pour le corps (pour une peau de déesse !)

me revoyant sur scène, dans une tenue qui me correspond davantage, il n'a plus le même avis. Il m'a avoué, depuis, avoir été attendri par mes erreurs de débutante.

Et pour cause : je ne connais rien à ce milieu, je ne sais pas où acheter les robes, les chaussures à paillettes et, malgré mes efforts pour être féminine et élégante, je traîne quatre années d'*habitus* dentaire derrière moi... Comme j'étudie la chirurgie dentaire, j'ai les ongles courts, les cheveux attachés. Mon standard vestimentaire est la blouse blanche, le pantalon, les baskets et la queue-de-cheval. Deux semaines après mon élection, je n'ai pas encore basculé dans le glamour chic !

Après le show, William vient me voir dans les coulisses et, très simplement, me propose son aide. Je suis à la fois touchée et très impressionnée. Je me demande ce qu'il peut bien me trouver mais j'accepte avec plaisir. C'est une chance, je le sais. Une de plus.

William va m'apprendre à me maquiller et à me coiffer, mais pas seulement. Il me recommande auprès d'Héloïse, une étudiante en médecine qui loue des robes de soirée pour se faire un peu d'argent. Héloïse acceptera de me prêter ses robes et, en retour, je posterai mes photos sur les réseaux sociaux pour faire connaître son offre.

Pour les vacances de printemps, je pars à Chypre avec Matthieu. Il fait beau, la mer est magnifique, le lieu paradisiaque... Mais l'élection de Miss Arras approche, et cette pensée m'obsède. Les élections locales sont des occasions pour les Miss élues de se faire connaître, car elles animent le show. C'est une opportunité de se faire remarquer des membres du Comité Miss France. Quelque chose me dit qu'il faut que j'y sois. Pour montrer que je suis motivée, et rencontrer la Miss France en titre, qui va remettre la couronne. Cela implique d'écourter nos vacances en amoureux, mais c'est plus fort que moi. Je décide de rentrer plus tôt. Heureusement, Mattieu est très compréhensif !

À l'élection de Miss Arras, Camille Cerf est présente. Elle est très belle, immense. Lorsqu'elle s'approche de moi, en coulisses, j'ai l'impression de mesurer 1,10 m ! Elle me demande gentiment si je suis nouvelle et m'embrasse, en me disant « À bientôt. » Je prends ça comme une promesse, et ça me procure un plaisir incroyable. À ce stade, on a besoin de personnalités inspirantes pour nous guider. Pour moi, Camille incarne un mélange de grâce et de réussite, la fille du pays qui a remporté l'élection nationale. Un modèle à suivre.

Mon conseil : suivez votre intuition

Face à un désir qui sort de l'ordinaire – comme participer à un concours de miss –, on trouve toujours de bonnes raisons de ne pas se lancer : c'est futile, mal vu, personne autour de vous n'a jamais fait ça... Même si vous n'avez pas encore mûri les raisons qui vous poussent à agir, écoutez-vous. Suivez votre intuition. Avec le recul, vous comprendrez pourquoi cette étape était nécessaire dans votre parcours de vie...

À l'entracte, une femme vient m'aborder : c'est la mère de Camille. Surprise et flattée, j'échange quelques politesses avec elle, et la voilà qui m'annonce : « Tu vas devenir Miss France. » Prise de court, je souris un peu bêtement en lui demandant pourquoi elle dit ça, mais elle est sûre d'elle. Elle répète alors, en me tenant les mains : « Tu seras Miss France. Je le sais, j'en ai fait une. »

Mes conseils

Comment trouver le bon style ?

Pour être Miss France, il faut à la fois être élégante, naturelle et savoir se faire remarquer. C'est un équilibre subtil à trouver. En voici quelques illustrations.

- Ne cherchez pas à tout prix à attirer l'attention, par exemple en portant beaucoup d'imprimés ou de couleurs contrastées.
- Autorisez-vous une couleur tonique, mais sur un tissu doux et fluide.
- Peignez vos ongles en beige nacré ou en rose tendre plutôt que dans le vert de votre paréo.
- Si vous devez sortir en robe longue, choisissez une coupe qui dénude toute une épaule plutôt que le décolleté. C'est plus inattendu et plus chic !
- Si vous portez un short ou une jupe courte, évitez les talons et préférez les sandales.
- Accessoirisez ! Sortez dans une combinaison toute simple, mais accrochez à votre poignet un bracelet original.
- Et, si vous hésitez, jouez la sécurité. Mieux vaut apparaître naturelle que de faire une faute de goût.

*Ne cherchez pas
à suivre la mode
si elle ne vous plaît pas !*

Mes conseils

Ne vous mélangez pas les pinceaux !

N'utilisez que vos produits et vos pinceaux. Lavez-les régulièrement, car ce sont de vrais nids à bactéries. Idéalement, il faudrait les laver chaque jour mais, si vous le faites une fois par semaine, ce sera très bien.

Comment ?

1. Mouillez la paume de votre main et frottez-la à un peu de savon de Marseille. Faites mousser.

2. Prenez votre pinceau, pincez ses poils et tournez-les délicatement, sans les écraser au centre. Faites ensuite glisser votre pinceau de droite à gauche, sur votre paume, dans la longueur des poils.

3. Rincez bien et essorez en entourant les poils de mouchoirs en papier ou d'une serviette-éponge. Remettez-les en forme.

4. Laissez sécher, de préférence à l'horizontale, en laissant les poils dépasser du rebord d'une étagère.

C'est tout simple et ça évite beaucoup de boutons et d'allergies.

Camille grondera sa mère de m'avoir dit ça, car les chances que cela se produise sont extrêmement minces. Mais, ce soir-là, cette prophétie me donne des ailes. Pourtant, rien que le titre de Miss Nord-Pas-de-Calais me semble déjà très difficile à atteindre…

Quelques jours après, je tombe de mon nuage. Comme victime d'un mauvais sort, je vois mes joues se couvrir de boutons. De vilaines petites lésions sur la peau qui se voient sur scène et sur les photos, même lorsque je tente de les camoufler sous le maquillage. J'essaie de garder la tête froide et prends des compléments alimentaires à base de zinc. Puis je consulte plusieurs dermatologues et, sur leurs conseils, j'achète des crèmes dépigmentantes, je change de pilule. J'expérimente même une séance chez un magnétiseur, qui passe ses mains tout près de mon visage pour calmer ce qu'il appelle un « excès de feu ». Rien n'y fait. Je suis désespérée.

Au sein du comité Miss Nord-Pas-de-Calais, certaines voix commencent à dire que « c'est dommage », qu'« avec une peau pareille, il n'y a plus aucune chance ». Ils pensent que je ne gagnerai jamais. Que je ne pourrai peut-être même pas défiler. Dans ces moments-là, les gens se mettent généralement à donner des conseils à tort et à travers : « Tu as bien pensé à te démaquiller ? », « Il ne faut pas manger n'importe quoi », « Est-ce que tu dors assez, au moins ? » Moi, j'ai tout essayé – même le magnétiseur ! – alors, dans l'état de stress dans lequel je me trouve, ces paroles m'exaspèrent encore davantage. Car, oui, je fais tout mon possible pour régler ce problème. Et, non, je ne suis pas responsable de ce qui m'arrive !

Jusqu'à William qui augmente la pression en me demandant des photos de ma peau tous les matins. C'en est trop ! Je me rebelle, et il me suggère, en dernier recours, de faire un peeling chez un dermatologue. Une intervention assez violente pour la peau, surtout quand elle est fine comme la mienne, mais, selon lui, « c'est ça ou jeter l'éponge ». Alors, je tente.

Ce que William n'a pas précisé, c'est que le peeling fait horriblement mal ! Quand je sors du cabinet, la peau à vif, à moitié cachée pour ne pas m'exposer au soleil – ça aussi, je ne l'avais pas anticipé – je suis paniquée à l'idée de croiser quelqu'un que je connais.

J'ai peur d'avoir fait une vraie bêtise, car le pire scénario se produit. Dans les jours qui suivent, mon visage se met à peler. C'est laid, ça démange, j'ai l'impression que ma peau tombe en lambeaux. Comme si ça ne suffisait pas, les brûlures cicatrisent en faisant des taches.

J'en pleure de désespoir. Ma seule consolation, c'est que personne ne me voit car je suis partie chez mon père, près de Perpignan. Je m'y repose, je mange bien, et je filtre tous les appels qui me ramènent au concours. Avec le temps, les choses finissent par s'arranger et ma peau, par se reconstituer. Je ne saurai jamais ce qui a véritablement fonctionné. Le peeling ? Le repos ? Ou bien le fait de me soustraire au stress d'un concours qui avait peut-être trop envahi mes pensées ?

Quand on a un problème, il est normal que les proches s'inquiètent et cherchent à aider. Mais parfois, les conseils, même donnés avec bienveillance, peuvent manquer leur objectif. Avant de conseiller un proche, posez-vous ces questions : vous a-t-il sollicité ? Votre conseil est-il constructif ? Les évidences agacent, et une remarque peut être plus nuisible qu'autre chose. Un simple « Tu as l'air fatiguée » peut miner le moral pendant toute une journée, quand un « Tu as bonne mine ! » peut l'égayer. Alors ménagez vos proches. Vous aimez la tenue de quelqu'un ? Sa voix ? Son humour ? Complimentez-le, vous verrez la différence ! Nous avons tous besoin de focaliser sur le positif. C'est aussi valable pour vous-même. Si vous avez une baisse de moral, prenez le temps de vous considérer. Vous êtes fatiguée, OK, mais vous avez peut-être de beaux yeux, de belles mains, un sens de la repartie qui fait rire vos proches… Faites une liste de ce que vous aimez chez vous. Ça vous aidera à positiver et à oublier les petits défauts !

Cette guerre des boutons m'a beaucoup affectée. Complexée, en proie au doute et sous pression, je me suis sentie assez désespérée par moments. J'en retiens qu'il ne faut jamais se laisser démobiliser par les autres dans ce genre de circonstances, même par des proches dont les intentions sont bonnes mais qui peuvent, par excès de zèle, entamer votre confiance en vous.

Une fois remise du peeling – que je ne recommande à personne : c'est trop violent pour la peau ! –, je profite des vacances pour faire du sport, m'entraîner à me maquiller et à me coiffer. Je suis à la lettre les fiches préparées avec William : grandir mon regard, réaliser des *smoky eyes*, faire un brushing impeccable…

Devant mon implication, mon père reste perplexe. Pour lui, ce concours ne cadre pas avec nos valeurs, et il ne comprend pas ce qui me motive tant. Je tente de le rassurer, il n'y a pas de quoi s'inquiéter. Bien sûr que je vais faire ma cinquième année de dentaire, mais je veux aller le plus loin possible dans l'aventure. Ne serait-ce que pour le voyage à Tahiti qui précède l'élection. Il m'écoute, et je crois qu'il comprend.

Mon père, même sans comprendre, m'a fait confiance

« Je n'ai pas compris, au début, ce qu'Iris faisait dans ces concours. On l'avait élevée dans l'idée que l'être humain s'émancipe par le savoir et la culture, et je la voyais courir après des titres de beauté. En même temps, j'avais confiance en elle. Plus tard, j'ai compris qu'elle prenait ce que la vie lui offrait en matière d'aventure, de plaisir, mais aussi d'émulation. Iris a toujours été la plus déterminée de mes quatre enfants. Ça se voit sur les photos d'elle, petite. Elle pose déjà un regard sur ses frère et sœurs qui dit exactement ça : vous allez voir ce que vous allez voir ! »

MISS NORD-PAS-DE-CALAIS

La rentrée de septembre 2015 a une saveur inhabituelle. Je sais que je vais retourner à la faculté, retrouver mes amis, me remettre au travail mais, avant cela, j'ai encore une étape à franchir. L'élection de Miss Nord-Pas-de-Calais. Elle a lieu à la fin du mois, et je veux la gagner. J'ai passé une partie de mon été à tester des coiffures et à décortiquer les vidéos des élections précédentes. Je me sens prête et déterminée.

Saint-Amand-les-Eaux. C'est là que, pendant une semaine, les vingt candidates se préparent à l'élection de Miss Nord-Pas-de-Calais. Reçues dans un bel hôtel, nous alternons visites, répétitions et détente. Un jour, nous découvrons l'usine de bouteilles d'eau de la ville, le lendemain, l'atelier où sont fabriqués les cosmétiques Corine de Farme… La photographe qui couvre le séjour nous suit pour alimenter les médias, les réseaux sociaux et les communications des partenaires. Côté répétitions, le niveau attendu n'a rien à voir avec celui de Miss Flandre. Place à des chorégraphies bien ficelées et à des séances d'entraînement intensives. Cette semaine est un beau cadeau, une façon de remercier toutes les filles de s'être engagées jusque-là.

Si l'ambiance est plutôt bon enfant, la compétition égare parfois les candidates. Certaines sont prêtes à tous les coups bas pour gagner. Comme voler du maquillage, subtiliser un portable pour accéder aux messageries, ou répandre des choses ignobles sur Internet. J'ai subi les trois, je sais de quoi je parle.

Pendant plus d'une semaine, je suis victime de bashing de la part de la famille d'une candidate. Ses proches se défoulent à mon sujet sur les réseaux sociaux, signe qu'ils voient en moi une rivale sérieuse.

Sur les forums, on peut lire que je ressemble à un homme, que j'ai fait de la chirurgie esthétique ou que je suis odieuse. Ils vont jusqu'à créer de faux comptes où ils postent des photos de moi peu avantageuses. Je suis à la fois révoltée et démunie. C'est très difficile à vivre. Rien ne m'a préparée à subir autant de méchanceté, mais je suis impuissante. Miss Arras, ma *room mate*, vit la même chose, et le comité Miss France ne peut rien faire pour nous.

Certaines filles subissent une pression énorme chez elles. Il y a un peu d'argent à la clé, des cadeaux, et les concours de miss jouent parfois un rôle d'ascenseur social : la médiatisation, le carnet d'adresses auquel on accède, les rencontres, tout ça peut aider à se faire une place. Cette pression, on peut la gérer quand on a 20-25 ans, même si c'est difficile. En revanche, pour les plus jeunes, ça peut s'avérer dangereux. Dans les concours de miss, on gagne ou on perd sur une robe, un maquillage, quelques mots de discours…

Il ne faut pas prendre cet échec personnellement, mais c'est moins facile à comprendre pour les plus jeunes, qui ont moins de recul et sont dans l'affect.

Mes conseils

Tenez face au bashing

C'est loin d'être facile. Il faut beaucoup de volonté et de sang-froid pour continuer et ne pas faire n'importe quoi à son tour. Si j'ai appris une chose, face aux attaques, c'est qu'en gardant la tête haute et en s'interdisant de rendre les coups bas on n'a jamais de regret. L'intégrité est une qualité qui en impose, elle montre que vous êtes une bonne personne, et cela finit toujours par être apprécié. Lors de la préparation des concours, notre attitude joue autant que notre physique.

& attendez d'être prête

Le comité Miss France choisit toujours des filles mûres, capables d'être à l'aise face à des caméras, de résister à la pression médiatique et au manque de sommeil. On peut être mature et autonome à 18-19 ans, mais ça n'est pas si fréquent. Avoir un peu vécu, habité seule, travaillé, tout ça aide à s'endurcir, à être plus solide pour concourir. On ne peut se présenter qu'une fois à l'élection de Miss France. Alors choisissez bien l'année où vous concourez à l'élection régionale. Ne vous précipitez pas : allez-y quand vous vous sentez vraiment prête. À deux ou trois ans près, vous pouvez arriver mieux armée, et ça peut tout changer !

Pour quelqu'un d'encore fragile, ne pas être choisie, ça veut potentiellement dire ne pas être (assez) jolie, ne pas être (assez) aimée. C'est très compliqué de se construire après ça. Il faut donc s'assurer d'être armée pour la compétition.

26 septembre 2015, Orchies, 3 500 spectateurs. L'élection de Miss Nord-Pas-de-Calais est sur le point de commencer. J'ai tenté de faire venir le plus de monde possible, puisque, comme pour Miss Flandre, c'est le public qui sélectionne la première moitié des candidates. Au premier rang, juste derrière le jury, j'aperçois ma famille au grand complet : ma mère et mon beau-père, Cassandre, Baptiste et Manon, mon père et ma belle-mère, ma tante, venue tout spécialement de Lyon, mes grands-parents, dont mon oncle paraplégique, dans son fauteuil. Ils savent que c'est important pour moi, alors ils sont tous là. Il y a aussi la moitié de ma fac, au moins 150 personnes ! Je les entends crier mon nom, plus fort que celui des autres me semble-t-il, et ça me donne du courage.

Quand le show démarre, je tremble un peu, j'ai du mal à respirer… Pour l'ouverture, le scénographe a choisi une musique dramatique, avec beaucoup de percussions : c'est plutôt en phase avec mon rythme cardiaque ! Cette soirée, nous l'attendons toutes depuis des mois. Nos sentiments sont exacerbés : l'excitation, la peur, l'envie d'en découdre, le plaisir d'être là. Quand je monte sur scène et que j'avance en bout de podium, je vois mon portrait et mon prénom sur des T-shirts de supporters ! Cela me fait rire, et renforce ma confiance. Les sentir là, mobilisés pour me soutenir, finit par m'apaiser, et mon stress se transforme en énergie positive.

Trois minutes. C'est le temps qu'on nous laisse pour nous présenter. Le plus difficile, c'est de parvenir très vite à stabiliser sa voix (la mienne monte rapidement dans les aigus), et puis de tenir le souffle, de parler sans à-coups… Quand arrive mon tour, j'ai les jambes qui flageolent, je tiens mon numéro de travers, et, à un moment donné, je perds même le fil du discours que j'avais pourtant appris par cœur. Je rebondis avec d'autres mots et j'enchaîne l'air de rien. L'important, dans cet exercice, c'est justement de montrer que l'on est à l'aise à l'oral. Ne pas se laisser déstabiliser. Même si on se trompe, on assume, on sourit, et on reprend de plus belle.

Une fois les discours terminés, place au défilé en maillot bleu nuit. Les cris de la salle et les applaudissements nous galvanisent. Nous sommes plus détendues, nos sourires, moins crispés. Mais alors que nous commençons vraiment à nous amuser, l'entracte arrive.

À partir de ce moment-là, les dés sont jetés : le jury et le public ont voté, et les bulletins vont être comptabilisés. Lorsque nous remontons sur scène pour le final, le jury connaît déjà le nom de la gagnante.

Pour que nous soyons toutes à égalité, nos robes et nos maillots de bain sont les mêmes. Pour le reste, tout est tiré au sort : l'ordre de passage, les coiffeurs, les maquilleurs, la couleur des robes...

Quand nous défilons en robe de soirée, nous ignorons encore qui fait partie des douze chanceuses. Pour ma part, je suis dans l'incertitude la plus complète. J'ai l'impression que les membres du jury ne me regardent pas, qu'ils détournent les yeux.

Le billet d'entrée fait office de bulletin de vote. Chaque spectateur a donc le sien et peut écrire, dans un espace

Mes conseils

Comment préparer un discours ?

Que ce soit pour un concours de miss ou pour une présentation professionnelle, il existe quelques règles essentielles pour réussir un discours.

Structurez

Notez ce que vous devez dire d'important, puis organisez vos idées pour qu'elles s'enchaînent naturellement. Soignez bien la chute.

Rythmez

Rédigez en faisant des paragraphes courts. Un paragraphe = une idée. Ne cherchez pas à dire trop de choses en même temps. Ce sera plus facile à mémoriser et à énoncer.

Répétez

Entraînez-vous à lire à haute voix en vous chronométrant. Quand ça commence à être fluide, demandez à un de vos proches de vous écouter pour corriger les tics de langage.

Reformulez

Pour éviter de faire du « par cœur » et de débiter votre discours comme un robot, obligez-vous à le reformuler à chaque fois que vous le répétez. Les idées et la trame doivent rester les mêmes, mais le vocabulaire et les mots de liaison sont à changer. Cela donnera un effet plus naturel et plus spontané à votre discours.

Personnalisez

Lorsque le contexte s'y prête, n'hésitez pas à introduire un peu d'humour ou des anecdotes amusantes : votre discours doit vous ressembler et divertir votre public.

réservé, le numéro de sa candidate favorite. Tout au long de la première partie, plusieurs personnes arpentent la salle pour récupérer les bulletins dans des urnes. Ceux-ci sont dépouillés pendant l'entracte.

Enfin, l'ouverture des enveloppes commence. Les quatre prix spéciaux sont distribués, et je retiens mon souffle ; je reste dans la course. Puis l'écharpe de la quatrième dauphine, de la troisième… À la surprise générale, la grande favorite du concours est alors appelée. Le fait qu'elle soit écartée si tôt nous prend toutes de court. En quelques secondes, les cartes sont rebattues et je reprends espoir.

Le délégué du comité Miss France appelle alors la deuxième dauphine, puis la première : Miss Arras, ma *room mate* de Saint-Amand ! Je suis très contente pour elle mais, en une fraction de seconde, je réalise qu'il ne reste qu'une place. Dans ma tête, tout se bouscule. Et s'ils ne m'appellent pas ? Et si je n'ai rien ?… Tout ça pour en arriver là ?

Quand Camille Cerf prononce mon nom, je suis sous le choc. Je suis Miss Nord-Pas-de-Calais ! Des cris retentissent dans la salle, et une sorte de feu d'artifice éclate dans une pluie de serpentins. Camille m'embrasse et me tend la fameuse écharpe. Lorsqu'elle m'en habille et me coiffe d'une couronne, je reçois ces trophées comme un encouragement personnel de la part de celle qui était à ma place il n'y a pas si longtemps. Elle m'accompagne en bout de podium où je dis quelques mots de remerciement, heureuse mais pour le moins déstabilisée. Je peine encore à y croire. Car, même si mes espoirs étaient immenses, le chemin a été éprouvant : ma peau grêlée de boutons, le *bashing* sur les réseaux sociaux, l'inquiétude de mes parents… À présent, je veux lire la fierté sur leur visage, car c'est pour eux que j'ai tracé mon chemin jusqu'à la victoire.

Sous les flashs des photographes, je les cherche du regard.

Les sentir si près de moi, tous les deux, c'est incroyable ! Ils ne se sont pas vus depuis des années. Ma mère n'a jamais rencontré ma belle-mère, ni Manon, la petite sœur dont je lui parle tant. Dans d'autres circonstances, j'aurais peut-être hésité. Mais c'est *mon* moment, et je n'ai peur de rien. Je crie leur nom jusqu'à les voir monter sur scène d'un pas hésitant. Les voici côte à côte. Moi qui n'ai gardé aucun souvenir d'eux en tant que couple, je les serre dans mes bras, et je ressens la force incroyable de leur amour pour moi. Devant les objectifs, nous posons à trois. Peu importe où me mènera cette aventure, car ce concours aura permis l'exploit le plus précieux à mes yeux : réunir ma famille. Je ne suis plus une Miss, je suis juste une jeune fille qui se tient entre ses deux parents pour la première fois depuis si longtemps. J'en ris, j'en pleure, je me sens incroyablement vivante. Ce jour reste l'un des plus beaux de ma vie.

Les jours suivants, je savoure ma victoire. Premier journal télévisé, sur France 3 Régions. Je suis très impressionnée : c'est par ce biais que la plupart des gens vont découvrir celle qui va les représenter à l'élection de Miss France. Partout où je vais, radio, journaux ou dédicaces, je suis reçue avec beaucoup de gentillesse. Jusqu'à la fac, où des banderoles de félicitations m'accueillent !

Mais la médaille a son revers. Le harcèlement continue sur les réseaux sociaux. Le comité Miss France reçoit des courriers disant que je ne mérite pas le titre, que je me suis fait refaire le nez ou les seins. Certains des messages viennent de candidates avec lesquelles j'ai partagé de bons moments, en qui j'avais confiance. Je suis profondément déçue. Pourquoi m'en vouloir à ce point ? Pourquoi tant d'acharnement quand le résultat est irrévocable ? J'essaie de me concentrer sur le positif, l'élection à venir, mais je sors blessée de cette expérience. Je vais devoir être plus prudente, d'autant que je m'apprête à affronter un tout autre niveau de compétition.

Tandis que je me réjouis à l'idée de partir à Tahiti, mes parents s'inquiètent – et se désolent peut-être – de me voir lancée dans un nouveau tunnel de compétitions. Les cours ont repris à la fac, et, avec ma vie parallèle de miss, j'ai du mal à faire face à tout. Je me sens emportée dans un tourbillon : plateaux télé, radio, inaugurations, visites, soirées, séances de dédicaces, galas à organiser... On me sollicite la semaine, le week-end, tôt le matin, tard le soir. Mon agenda se morcelle, avec pour horizon deux échéances dangereusement proches : le départ pour Tahiti en novembre, et les examens de dentaire en décembre et janvier.

C'EST DÉCIDÉ, J'ARRÊTE LA FAC

Regardons les choses en face : tout mener de front est impossible. Je prends la décision d'arrêter la faculté deux mois, le temps de préparer Miss France. Je raterai beaucoup de cours, c'est certain, mais je travaillerai deux fois plus à mon retour. Cela contrarie ma mère, naturellement : « Tu as vraiment envie de faire ça, d'être dans la représentation toute la journée ? De devoir sans cesse sourire, répondre aux questions, t'exposer aux critiques, être fatiguée ? Et comment tu vas faire, après, pour reprendre le cours normal des choses ? » Je sens bien qu'elle s'inquiète pour moi. Elle sait que les coups bas de la compétition m'ont meurtrie. Me connaissant, elle a peur aussi que je fasse ce choix par goût du défi.

Elle sait aussi que Camille Cerf vient du Nord, et qu'il est très peu probable que le titre reste dans notre région. Alors elle craint que je ne sois déçue. Mais « peu probable » ne veut pas dire « impossible ». C'est à cette mince éventualité que je m'accroche. « Si tu gagnes, c'est bien, mais si tu perds, tu reprendras la fac et ce sera tout aussi bien », me glisse ma mère. Elle pose très tôt des matelas de sécurité pour que je puisse retomber sans trop me faire mal.

Outre mon bracelet porte-bonheur, je sais pouvoir compter sur deux atouts : William et Camille Cerf. Le premier m'aide au quotidien. La seconde m'inspire, au gré de nos rencontres.

William va tout m'apprendre. C'est lui qui me prépare pour tous les événements, gère mes photos, mes vidéos, supervise mes valises pour Tahiti, Lille, comme il le fera, plus tard, pour Miss Univers… Il est de toutes les discussions, de toutes les décisions. Camille, elle, sera ma muse. Le hasard fait que nous habitons dans la même rue, à Lille. Nous nous croisons souvent et, petit à petit, nous nous rapprochons l'une de l'autre. Un an plus tôt, elle était à ma place, elle sait donc très bien ce que je vis et les conseils dont j'ai besoin. Je marche avec confiance dans ses pas.

À ce stade, je commence à savoir ce qui me va. Avant l'aventure des Miss, pour sortir, une robe noire et des collants faisaient l'affaire. Désormais, je sais mettre « de la paillette » ou « du décolleté dans le dos », choisir la pochette adéquate, placer mes cheveux quand un photographe approche. Cela ne m'empêche pas de sortir parfois sans maquillage et en tenue décontractée, mais lorsque l'occasion s'y prête, je sais désormais mieux comment me mettre en valeur.

Quand j'allais prendre des cours de maquillage chez William, j'arrivais toujours avec des visages prédessinés trouvés sur Internet et que j'avais imprimés. Je notais dessus tout ce qu'il me disait de faire, étape par étape. Les fiches, depuis la fac, c'est ma seconde nature. Ça faisait rire William, qui n'avait « jamais vu ça ! », mais je vous assure que ça aide à s'entraîner et à se tranquilliser : on a toujours les bons conseils à portée de main.

Dans ma famille, tout le monde joue le jeu. Chacun y va de son petit conseil sur la préparation – même si personne parmi mes proches ne connaît le monde des Miss. L'objectif sur lequel nous nous accordons tous, c'est que je fasse partie des douze candidates présélectionnées avant le *prime* sur TF1. Je suis convaincue de pouvoir passer cette étape, parce qu'il ne tient qu'à moi de la réussir ! Ma stratégie : être irréprochable. J'arriverai à l'heure, je serai de bonne humeur, je ferai preuve de bonne volonté… Avec tout ça, même si je ne suis pas la plus jolie, je devrais quand même pouvoir faire partie des favorites. Mais ça commence très mal.

Un soir d'octobre, je dois me rendre en Picardie où se tournent les portraits diffusés le jour de l'élection. Ce soir-là, il pleut à verse et c'est la première fois que je conduis seule et sur l'autoroute. J'ai mon permis depuis très peu de temps, et le cœur qui bat à se rompre. Pendant trois heures, je me répète : « Je vais mourir ! Je vais mourir pour une vidéo de présentation ! » Je finis par arriver à bon port, non sans avoir percuté le rétroviseur d'une voiture en cherchant une place.

Quand j'arrive devant l'hôtel, toute l'équipe de Miss France m'attend. La première image que je donne de moi : celle d'une fille au bord des larmes, qui n'arrive pas à garer sa voiture ! Une âme charitable prend mes clés et s'en charge tandis qu'on me dit gentiment que « c'est fini ». Je me dis que, effectivement, c'est raté. Maintenant qu'ils m'ont vue dans cet état, ils ne risquent pas de me faire confiance. Pourtant, le lendemain matin, je me sens d'attaque, prête à montrer de quoi je suis vraiment capable.

C'est là que la préparation démarre véritablement. Bien entendu, je n'arrive pas la fleur au fusil : j'ai déjà observé toutes mes concurrentes sur Internet, sur leur compte Facebook ou sur les vidéos de leurs élections respectives. Mais, lorsque je les rencontre à l'hôtel, elles me semblent plus belles et plus sûres d'elles. Pour ajouter au malaise, l'ambiance est assez froide.

Les chambres sont attribuées par ordre alphabétique (des régions) : je partage la mienne avec Miss Normandie. Sur nos lits, de très beaux cadeaux nous attendent. Nous recevons toutes la même chose (le principe d'égalité, toujours…). Il y a aussi notre écharpe régionale, la bleue, celle que nous allons porter en toutes circonstances et jusqu'au soir de l'élection.

À peine nos affaires déposées dans nos chambres, Sylvie Tellier nous rassemble toutes auprès de son équipe pour une première réunion d'information. Sylvie, c'est « la patronne ». Ancienne Miss France, elle intègre la Société Miss France en 2005, avant d'en prendre la tête en 2010, suite au départ de Geneviève de Fontenay. Elle a donc expérimenté les deux versants : côté candidate, comme côté organisation. Rien ne lui échappe : elle est partout, elle supervise tout. C'est elle qui nous explique la composition des groupes, le déroulé du séjour, les attentes, ce que nous avons le droit de dire lors des interviews ou encore les règles à respecter sur les réseaux sociaux. Je comprends alors qu'on joue dans une tout autre catégorie que pour l'élection régionale ; ici, les règles sont très strictes et le match se déroule sans arrêt de jeu. Nous avons un mois pour prouver que nous sommes dignes de représenter notre pays, et ça commence tout de suite…

Je découvre aussi un nouveau monde : celui des plateaux de cinéma et de télévision, des studios de mode ou de photos. Dans ce qui ressemble à un immense hangar, nous faisons notre premier shooting collectif. Nous évoluons d'un plateau à l'autre : ici, nous nous allongeons sur un lit et nous faisons mine de nous réveiller ; là, nous marchons sous une pluie de plumes. Plus loin, nous lançons des paillettes en souriant au photographe ! Partout, des professionnels s'affairent : ils sont cadreurs, preneurs de son, costumiers, maquilleurs… Je prends enfin la mesure de l'événement. L'élection de Miss France est le spectacle le plus regardé de l'année : l'enjeu est grand et la pression, considérable.

À chaque fois que vient mon tour et que je dois me placer devant la caméra, j'ai la gorge serrée et la boule au ventre. Mais la difficulté rapproche et, peu à peu, je lie connaissance avec les autres filles, sans jamais cesser d'observer du coin de l'œil les prestations des unes et des autres.

JE PERDS MON PRÉNOM

Dès le début de la préparation à Miss France, plus personne ne nous appelle par notre prénom. Désormais, on porte le nom de notre région. Comme nous avons chacune notre écharpe en permanence, c'est plus simple pour tous ceux qui nous préparent et nous coachent que de mémoriser tous les prénoms ! Les premiers jours, c'est déroutant mais on s'y habitue. C'est une manière de nous rappeler qu'on représente bien plus que nous-mêmes.

Le vrai bémol, pendant cette semaine, c'est la nourriture. Ou plutôt l'absence de nourriture. Il se murmure que des candidates auraient grossi lors des précédents

Miss France : le brief des candidates

- **Les critères pris en compte pour la sélection des 12 finalistes.**

Ponctualité/ ordre, soin/ respect des consignes des chaperons/ esprit de camaraderie/ énergie, bonne humeur

- **Que signifie devenir Miss France ?**

Aimer les gens/ être adaptable/ devenir salariée de l'organisation Miss France (savoir respecter des consignes et les mettre en œuvre)/se rendre disponible

Rappel des règles de vie en groupe

- Ponctualité, respect des horaires
- Respect des partenaires, de l'équipe de production, des journalistes et du public
- Pas de consommation de tabac en public, pas de consommation abusive d'alcool
- Pas d'utilisation du portable en dehors des chambres et des moments définis par les chaperons. En règle générale, les portables ne sortent pas des chambres sauf exception (anniversaire, demandes expresses des chaperons, etc.)
- Respect des valeurs Miss France (élégance, politesse, bonne humeur, générosité…)

passages à Paris, et le restaurant de l'hôtel a dû avoir pour consigne de limiter les buffets. Conséquence, nous n'avons quasiment rien à manger : un petit bout de poisson avec quatre champignons. Pour moi qui aime manger, ces restrictions sont une torture. C'est dur physiquement parce que je sors de table en ayant faim, mais ça l'est plus encore psychologiquement. Je me sens frustrée, comme « empêchée ». La nourriture, c'est mon carburant : si je n'en ai pas, je ne peux pas avancer. Par précaution, je remplis mes poches de pain pour parer aux fringales. Heureusement, Tahiti approche, avec ses magnifiques buffets et ses divines fondues au chocolat.

La cuisine de ma mère me manque

« Pendant deux ou trois jours, Iris m'a envoyé des photos de ce qu'elle mangeait à l'hôtel, à Paris. Ça semblait très léger, c'est vrai, alors qu'elle est gourmande et plutôt adepte des plats caloriques ! Pendant le mois de préparation, elle m'appelait souvent pour me demander ce que je préparais à manger à la maison. Le soir de l'élection de Miss France, juste avant de monter sur scène, elle m'a envoyé un SMS, disant : "Vivement que tout ça se termine et que je rentre à la maison manger de la terrine !"... »

TAHITI : LE BONHEUR À L'ÉTAT PUR

L'un des plus beaux endroits que j'ai pu visiter ; et je le maintiens, après avoir parcouru des milliers de kilomètres en tant que Miss Univers. C'était magnifique. Je dirais même magique. Les gens y sont extrêmement gentils et accueillants, les paysages splendides et la nourriture… aussi délicieuse qu'abondante ! Nous atterrissons un 22 novembre, et, après la grisaille de la métropole, cette semaine en plein Pacifique est un pur bonheur. Entre nous, l'ambiance est bien meilleure qu'à Paris : nous nous connaissons toutes et vivons des moments très intenses, qui nous rapprochent.

Durant le séjour, nous dînons les pieds dans l'eau, nous apprenons à faire de l'huile de monoï, à tresser des couronnes de fleurs, nous suivons des cours de *tamure* (la danse tahitienne), nous plongeons au pied de l'une des plus belles cascades du monde… et nous faisons même une course de pirogues entre nous.

Un soir, nous sommes invitées à un dîner de gala en robes longues, et un immense gâteau y est servi avec, tout en haut, une petite Barbie tahitienne habillée en miss. Tous ces moments sont extraordinaires, et je réalise un rêve de petite fille : nager avec des dauphins !

Sylvie Tellier et Célia Jourdheuil, directrice artistique, sont du voyage, ainsi que Camille, William et toute l'équipe de maquilleurs-coiffeurs ; au total, nous sommes environ 80 ! Des journalistes sont présents tout au long du séjour. Nous sommes jugées en permanence, et notre comportement est déterminant. Ne faites pas l'erreur de penser qu'un concours de miss ne tient qu'au physique. Pour représenter un pays, il faut s'exprimer avec aisance, faire preuve de repartie et de confiance en soi avec tout le monde. Et l'aisance, ça se travaille. Plus on est connectées au monde qui nous entoure, plus on gagne en assurance.

Cette semaine à Tahiti restera un excellent souvenir. Au moment de partir, je suis convaincue que je ne reviendrai jamais. Je me sens triste de quitter ces lieux, mais aussi nos hôtes. À l'aéroport, des hommes et des femmes nous mettent des colliers de coquillages autour du cou. J'ai tellement de colliers qu'on ne voit plus ma bouche, et toute cette gentillesse me fait monter les larmes aux yeux.

Dans le cadre de notre préparation, on nous soumet un test pour évaluer notre culture générale. 40 questions sur l'actualité, la mode, les arts, les sciences, le sport... Je me souviens avoir buté sur quelques questions... Malgré ça, je suis arrivée première, avec 17,5/20. J'étais très contente : ça m'aiderait à être dans les 12 demi-finalistes, et ça allait faire plaisir à mes parents !

Mon conseil : suivez l'actualité !

À toutes celles qui souhaitent concourir à l'élection de Miss France, je conseillerais de bien suivre l'actualité. Lisez la presse, écoutez la radio, et discutez avec des gens en dehors de votre entourage habituel. C'est indispensable pour s'ouvrir l'esprit et sortir d'un cadre de pensée dont on n'a pas forcément conscience. La confiance en soi se gagne aussi en osant participer à n'importe quelle conversation.

LILLE : LE MOMENT DE VÉRITÉ

Retour à Lille, à quelques jours de l'élection. Le changement climatique est rude, mais je ne suis pas la plus à plaindre : je suis dans ma région, tous les passants que je croise m'encouragent ! L'essentiel du temps qui précède le jour J, nous restons à l'hôtel, en face du Zénith où aura lieu la soirée. Car des journées entières de répétitions nous attendent. Tableaux, chorégraphies, entraînement, essayages… Comme nous ne savons pas qui fera partie des finalistes, nous devons apprendre toutes les combinaisons. Pour les équipes de TF1 que nous voyons à l'œuvre, le stress est immense : près de 8 millions de personnes seront devant leur écran pour suivre l'élection en direct ! Mieux vaut y penser le moins possible…

Au bout de dix jours, l'épuisement nous guette. Nous nous levons tôt, nous revoyons pendant des heures les mêmes pas, les mêmes déplacements. C'est très répétitif et un peu assommant. Surtout, pour des questions de sécurité et de confidentialité, nous ne pouvons pas sortir de l'hôtel, ni recevoir de visites. Cela fait maintenant trois semaines que nous vivons en vase clos, coupées de nos proches. Ma sœur accouche à ce moment-là sans que je puisse aller la voir…

Notre connexion au monde se fait via les réseaux sociaux. Je consulte chaque jour ce qu'on dit de nous, et ce n'est pas toujours une bonne surprise. Nous sommes en permanence jugées et comparées. Alors que, de notre côté, rien ne doit filtrer. Aucune information, aucune photo. Ce sont des exclusivités réservées à certains magazines. Quand on est habituées à beaucoup communiquer sur Internet, cette mise sous cloche est une torture ! J'aurais envie de réagir aux attaques, de me défendre, mais aussi de partager ce que je vis, de poster des photos… Le récit de ma vie m'échappe, c'est la règle du jeu.

À QUELQUES MINUTES DU SHOW

19 décembre 2015, Zénith de Lille. Je ne crois pas un instant que je vais gagner. Un doublé avec Camille est peu probable, et puis il y a plus jolie que moi. Inutile,

cependant, de s'encombrer de pensées négatives. Ce qui m'importe le plus, c'est de rendre ce qu'on m'a donné : offrir un beau spectacle, ne pas tomber, ne pas trop bafouiller si je fais partie des douze présélectionnées, et aller le plus loin possible. Mon objectif : rendre fiers les gens de ma région et tous ceux qui ont cru en moi !

Dans les coulisses, tout le monde s'affaire : les coiffeurs, les maquilleurs, les ingénieurs son et lumière, les danseurs, l'équipe de production… De mon côté, je m'endors en plein maquillage ! Il paraît que c'est bon signe. Je pense surtout que mon corps m'impose de reprendre des forces avant le show.

Le soir de l'élection à Miss France, je n'ai pas le droit de porter mon bracelet porte-bonheur. Alors, je couds un des charms – le petit sac – sur le tissu de mon string. J'ai le sentiment que, par cet acte secret, j'aurai plus de chances de gagner.

C'est mon bijou fétiche. Ma mère me l'a offert le jour de mes 18 ans. Il est composé de plusieurs symboles miniatures (des charms) offerts par les gens que j'aime : un cœur, un petit sac qui s'ouvre, une clé... Le soir de Miss Nord-Pas-de-Calais, je le porte et j'ai l'impression d'être protégée.

Tandis qu'on nous prépare, Sylvie Tellier circule entre nous avec des paquets de M&M'S. Elle en distribue à tout-va, de peur que l'une d'entre nous ne fasse une crise d'hypoglycémie. Étant passée par là elle-même, elle sait bien qu'entre le stress et la fatigue accumulée nous ne sommes pas à l'abri d'un malaise.

À ce stade, on peut voir qu'avant même de monter sur scène certaines filles ont déjà baissé les bras. Alors Sylvie nous motive, pour qu'on donne le meilleur de nous-mêmes. Elle nous dit d'en profiter, que ce genre d'occasion n'arrive qu'une fois dans sa vie. Nous devons tout faire pour rendre les nôtres très fiers. Selon elle, cette soirée est une affaire de destin. Ce soir, le destin de l'une d'entre nous s'accomplira, et ça ne rendra pas les autres moins méritantes. D'autres chemins s'ouvriront pour elles. Son discours apaise mes doutes, j'ai hâte que le show démarre !

JEAN-PAUL GAULTIER, LE DÉBUT D'UNE HISTOIRE

Thème de la soirée : les rêves. Président du jury : Jean-Paul Gaultier. Autant dire que les costumiers se sont donné du mal pour lui faire honneur. Nous voilà transformées en super héroïnes, en divas ou en aventurières. C'est une grande fierté de porter leurs créations, même si nous sommes trop absorbées par le stress et l'adrénaline pour en profiter pleinement.

21 heures, défilé d'ouverture en robes blanches. Nous prenons bien soin de regarder les caméras, car notre cible, ce sont les téléspectateurs. Ce sont eux qui vont voter. Tandis que nous repartons nous changer, la production diffuse nos portraits en vidéo. Je me prépare en coulisses. J'ai la chance de faire partie du premier tableau, celui des pirates – en short, bottes hautes et chapeau à panache – et je suis la première à avancer sur scène. Mon cœur bat à tout rompre. Quand je me lance, je suis accueillie par une ferveur incroyable ! Le public se déchaîne, et je sens une merveilleuse force me porter. Je n'ai jamais été aussi heureuse que ce soir-là.

Aux pirates succèdent les bergères dans un champ de cerisiers, puis les pom-pom girls. Vient ensuite le moment du défilé en maillot de bain inspiré de Spiderman. À ce stade, je suis beaucoup plus confiante quand je défile.

J'arrive à profiter du moment et à tout donner au public, sans me laisser distraire par le costume que je porte ; c'est une technique que j'ai affiné au fil des élections, et qui a fait ses preuves.

Mon conseil : incarnez celle que vous voulez être

Pourquoi c'est si facile pour moi de défiler en maillot de bain ? Parce que je l'oublie, tout simplement. Quelle que soit ma tenue, je me focalise sur ce que je dois faire : je souris, je défile, j'échange des regards. Au lieu de penser à ce que je porte, je me répète mentalement : « Tu es une star, tu es sublime, tu mérites de gagner. » Si on s'en persuade, les gens le remarquent tout de suite. Essayez, et vous verrez !

Avant un entretien ou un rendez-vous important, répétez-vous ce que vous voulez être : belle, forte, compétente, indépendante, épanouie, faite pour ce travail... Répétez-le et jouez le rôle. Incarnez celle que vous voulez être, et c'est cette personne que les gens verrons en vous.

Le moment tant redouté : Sylvie Tellier rejoint Jean-Pierre Foucault pour appeler les douze finalistes. « Miss Martinique, Miss Provence, Miss Tahiti, Miss Côte d'Azur, Miss… Nord-Pas-de-Calais ! » Mon cœur bat la chamade tandis que je m'avance sur scène. Je suis d'autant plus contente que toutes mes copines font partie des finalistes. Toutes, sauf Miss Picardie, qui viendra nous embrasser dans les coulisses. Elle est très triste, on la comprend ! Nous avons beaucoup travaillé et préparé ensemble toutes les chorégraphies... S'arrêter en cours de route, c'est comme rendre un travail à moitié fini.

En coulisses, nous offrons un tableau assez burlesque : toutes les douze debout, chacune aux mains d'une habilleuse qui nous change, tandis qu'un coiffeur nous fait un brushing, juché sur une chaise ! Encore sous le coup de l'émotion, je me laisse faire. J'essaie de me concentrer sur la prochaine chorégraphie, mais ça n'est pas facile : autour de nous, tout le monde s'agite bruyamment. Le chorégraphe, Stéphane Jarny, passe de l'une à l'autre, distribuant d'ultimes instructions. Quelqu'un crie : « Ça commence dans trente secondes ! » Alors, je me presse vers la scène, sans voir que mes cheveux sont encore coincés dans le fer à boucler... Le coiffeur me rattrape !

23 heures, l'heure du discours. Nous devons nous présenter très rapidement, deux ou trois phrases, pas plus. « Je m'appelle Iris Mittenaere, j'ai 22 ans, je suis en 5e année de dentaire et j'ai choisi de m'engager pour défendre la scolarisation des enfants, et notamment des petites filles. Je veux être Miss France pour vivre le rêve jusqu'au bout... », et voilà, suivante ! Certaines filles butent sur les mots ou parlent trop vite. Stress total. Nous repartons toutes un peu sonnées dans les coulisses. Quand nous remontons sur scène, c'est en maillot de bain « Mère Noël ». Très sexy... Dans la salle, la température monte. Jean-Pierre Foucault s'avance alors pour annoncer les cinq finalistes. Nous passons aussitôt du chaud au froid.

Pas le temps de me demander si j'ai mes chances : je suis la première appelée ! J'avance sur scène, et je sens une larme couler sur ma joue. Comme sous l'emprise d'une drogue, je ne suis plus maîtresse de ce que je fais. Il est tard, je n'ai presque rien mangé, et je perds un peu pied sous le coup de l'émotion. C'est pour cela que des danseurs prennent le relais pour nous guider sur scène...

L'épreuve finale. Jean-Pierre Foucault nous pose à chacune une question. Pour moi, c'est celle-ci : « Quel intérêt aurait le public à élire une candidate du Nord-Pas-de-Calais deux années de suite ? » Évidemment, il cible le point sensible. Je réponds que Camille et moi sommes très différentes et que... après tout, *pourquoi pas ?* Mes arguments sont minces, mais je les trouve légitimes : pourquoi ne serais-je pas considérée pour moi-même ?

Lorsqu'on annonce la quatrième dauphine, j'ai l'impression que les caméras sont braquées sur moi. Mais c'est Miss Réunion qu'il appelle. Alors je vais être la troisième dauphine ? Toujours pas. Ni la deuxième. À partir de là, je panique. Je n'ai pas du tout envisagé ce scénario ! Côte à côte avec Miss Martinique, je me dis : *Non, c'est pas possible ! Qu'est-ce qui se passe ? Moi, j'avais juste prévu d'aller manger un kebab avec ma famille après le show, pas plus... !*

« Miss France 2016 est... » À ce moment-là, *je sais*. Il va m'appeler, je le sens au plus profond de moi. « ... Miss Nord-Pas-de-Calais ! » Je suis Miss France. Je suis Miss France ! Dans mon corps, je ressens une sorte d'effondrement. Je ne vois plus personne autour de moi. Je suis incroyablement heureuse, mais je ne me sens pas du tout... prête. Sur les photos, on le voit bien : j'ai les yeux écarquillés et un sourire étrange. Joie pure ou légère panique ?

Camille est surexcitée. Elle me serre tellement fort qu'elle m'écrase le nez ! Lorsqu'elle me met la couronne, elle pleure encore plus que moi. Quelqu'un me guide alors vers le bout du podium où je dois dire quelques mots. J'improvise : « Vous avez changé ma vie, ce soir, et j'essaierai pendant mon année de Miss France de changer un peu la vôtre. » Mes parents sont invités à monter sur scène, ma mère est en larmes. J'ai à peine le temps de les embrasser qu'on me conduit déjà hors de la scène…

Après une première interview, je rejoins le cocktail organisé pour les candidates, le jury et l'ensemble des équipes. Mais je ne peux pas en profiter. Sylvie Tellier m'entraîne dehors, avec ma robe, ma couronne, mon écharpe… Je dis au revoir à ma famille. Je me sens dépassée, complètement perdue. Après des jours d'isolement à l'hôtel, j'aurais bien aimé pouvoir profiter d'eux plus longtemps. Mais quelqu'un récupère mes affaires, et nous montons, Sylvie et moi, dans une voiture direction Paris. Devant le Zénith, une foule de passants nous saluent et klaxonnent. Sylvie me donne alors un oreiller et une couverture. « Tu ferais mieux de dormir un peu. »

Mes 6 conseils pour gagner à Miss France

Pour être Miss France, il faut être jolie, bien sûr, mais c'est loin d'être suffisant… Voici les 6 règles d'or, selon moi :

1. Être bien élevée

C'est la règle n° 1. Tenir la porte à celles qui suivent, ne pas parler trop fort, arriver à l'heure. Dire bonjour, remercier les serveurs, savoir quels couverts utiliser lors des grands dîners officiels.

2. Plus élégante que sexy

Gardez votre style personnel, mais ne transigez jamais avec l'élégance ! Pas de décolleté trop plongeant, pas de robe complètement transparente, ni de jupe fendue des deux côtés. Une tenue glamour, oui ; tape-à-l'œil, jamais.

3. Sois belle et cultive-toi !

Chaque visite est l'occasion de montrer – ou pas – que l'on est instruite et connectée à l'actualité. Avant chaque sortie, renseignez-vous sur les personnes que vous allez rencontrer et ce que vous allez voir. C'est un minimum pour ne pas faire de bourde ni poser des questions hors sujet.

4. (Ré)-Apprendre à marcher

Avoir une jolie démarche avec 12 à 14 cm de talons demande de l'entraînement et de la concentration. Veillez à marcher droit sans jamais attaquer le sol avec le genou plié. À l'arrêt, gardez les genoux verrouillés.

5. Miss sympa et sociable

Prendre la parole en public, répondre en direct à une interview, ça se travaille. Au-delà de l'éloquence, c'est la capacité à entrer en relation avec les autres qui est jugée. On attend de Miss France qu'elle sache engager la conversation avec n'importe qui, de façon simple et agréable.

6. Avoir bon esprit

Miss France, c'est une compétition entre plusieurs concurrentes, mais on n'est pas ennemies pour autant. Parler avec bienveillance et à tout le monde, ne pas dénigrer les autres ou encore laisser de la nourriture à celles qui suivent quand on se sert au buffet, voilà des marques simples de gentillesse et de respect. C'est un critère fondamental : il exclut certaines filles et il en sauve d'autres.

3

Mon conte de fées à la française

Dans les contes de fées, la vie de l'héroïne bascule souvent d'un coup de baguette magique, ou après le baiser d'un prince. Dans la vie d'une Miss, il y a un peu de cela. En une nuit, on est propulsée dans un autre monde, dans un carrosse et un château des temps modernes : une superbe voiture aux vitres fumées, un grand hôtel de luxe... Du jour au lendemain, je suis emportée par un tourbillon de paillettes et de glamour sur lequel je n'ai aucune prise. L'exceptionnel devient mon quotidien. Être Miss France, c'est un formidable accélérateur de vie. Ou comment vivre plus intensément chaque jour tout en gagnant d'un coup en maturité...

EN UNE NUIT, TOUT BASCULE

Il y a un « avant » et un « après » le 19 décembre 2015. Quand Sylvie Tellier me laisse au seuil de ma chambre d'hôtel en me disant : « Va vite te reposer, les télés arrivent dans quatre heures », je sais que ma vie ne sera plus jamais la même.

3 heures du matin, Park Hyatt. Nous venons de parcourir 250 kilomètres en voiture, et c'est à moitié endormie que je découvre ma suite parisienne. Mes yeux se posent aussitôt sur un lit immense. Pour l'heure, c'est tout ce qu'il me faut ! Je m'y couche rapidement sans prêter attention à ce qui m'entoure.

6 heures. J'ouvre un œil. La première chose que je vois,

c'est ma couronne posée à côté de moi. Ma couronne de Miss France.

Suis-je encore en train de rêver ? Une bouffée d'adrénaline me rappelle à la réalité : même si je suis épuisée, je dois me préparer au plus vite, car une équipe de télévision débarque dans une heure à peine.

7 heures. Les cameramen entrent dans la suite pour filmer mon « réveil » et mon petit déjeuner. Imaginez-vous en train de mordre dans un croissant devant l'objectif d'une caméra tout en tâchant de sourire. De répondre à des questions sur ce que vous envisagez de faire pendant l'année à venir alors que, précisément, tous vos plans viennent d'être chamboulés !

Toute la journée, les interviews s'enchaînent : RTL, BFMTV, iTélé, France 3. Puis les shootings : *Gala*, *Paris Match*. Je pose place Vendôme, dans une robe marinière dessinée par Jean-Paul Gaultier. Puis sur une terrasse de l'hôtel, la tour Eiffel derrière moi… Ces instants magiques sont tellement irréels ! J'ai basculé dans un autre monde, très beau, très chic, étourdissant.

Le soir où je découvre mon nouvel appartement reste pour moi un moment inoubliable. Olivier, de l'organisation Miss France, m'y accompagne. À ce stade, je dois dire que cet homme me fait encore un peu peur. Pendant toute la préparation du concours, Olivier était « le *bad cop* », celui qui faisait régner l'ordre et la discipline, qui était le garant du strict respect des règles. À chaque fois qu'il entrait dans une pièce, un vent de panique saisissait toutes les candidates, et le thème musical de Dark Vador semblait résonner en fond sonore (j'exagère à peine). Pourtant, à partir de ce jour, Olivier ne va plus me quitter. Il devient mon « chaperon », celui qui m'accompagne en toutes circonstances et s'assure du bon déroulé de mes déplacements. Un homme adorable et dévoué, sur qui je vais pouvoir compter à chaque instant.

La semaine qui suit mon élection, je fais toujours le même cauchemar : je suis dans mon lit, il y a plein de gens autour de moi, et ils n'arrêtent pas de me photographier alors que je dors. Je leur crie de me laisser tranquille...

Quand Olivier ouvre la porte de mon nouveau chez-moi, je découvre une pièce remplie d'objets et de paquets avec de gros nœuds roses. Il me dit avec un grand sourire : « Tout ce qui a un nœud rose est à toi ! » La première chose que j'aperçois, c'est une immense télévision. Je jubile tout en me demandant où je vais bien pouvoir la mettre après l'aventure, dans mon petit appartement lillois. Je remarque ensuite le set de maquillage professionnel, le vélo électrique, l'ordinateur portable, l'iPhone... Il y a aussi une ligne entière de bagages, des bouteilles de champagne, des robes de soirée... Et puis, sur une table, deux billets d'avion Paris-Papeete. Une folie !

Ce moment est magique, mais aussi très émouvant. Cette mise en scène traduit une envie sincère de me faire plaisir et de m'accueillir. Tout a été préparé avec attention : mon lit est fait, j'ai tout ce qu'il me faut dans la salle de bains et, dans la cuisine, il y a déjà plein de bonnes choses à manger : du pot de Nutella au paquet de müesli light, de la brioche aux biscottes sans sel. Ne sachant pas qui allait gagner, le comité Miss France a veillé à ce qu'il y ait un peu de tout pour que la Miss élue trouve à coup sûr son bonheur.

Après une première journée d'interviews et de shootings, quand je rentre à l'appartement, je retrouve ma mère et mon beau-père. Je peux enfin leur dire que, depuis la veille, je suis obsédée par l'envie de manger un kebab ! J'en rêve depuis le début de la préparation Miss France. Si quelqu'un peut comprendre ça, c'est bien ma mère, qui sait à quel point j'aime manger. Mon beau-père arpente alors le quartier en quête d'un kebab. Un sacré défi dans le 17e arrondissement de Paris ! À son retour – tardif –, nous nous mettons à table et, tandis que j'engloutis quelques frites (je n'irai pas beaucoup plus loin, finalement, mon estomac s'est beaucoup rétréci !), je les sens plutôt inquiets. Ils se demandent ce qui va se passer, *maintenant.* Comment je vais me débrouiller, *toute seule.*

Des cadeaux, une Miss France en reçoit tout le temps, comme par magie. À chaque fois qu'on participe à un événement, on repart avec un petit paquet. Que ce soit une crème de beauté d'une marque de luxe ou un mug promotionnel… J'ai l'impression que c'est Noël tous les jours. Encore aujourd'hui, je bois mon thé dans une tasse reçue lors de l'Euro 2016. Ça me rappelle de bons souvenirs.

Au-delà des cadeaux, ce qui nous est offert, c'est de pouvoir accéder à des choses jusque-là hors de portée. Parce qu'on ne pouvait pas se les offrir ou parce qu'on n'avait pas le nom ni le statut pour y accéder. Grâce à mon titre de Miss France, je dors dans des hôtels sublimes et je prends des petits déjeuners somptueux dans ma chambre. Je vis pendant un an au cœur de Paris, près de l'Arc de triomphe, dans un appartement que je n'aurais jamais pu louer moi-même. Pour un premier job, c'est plutôt extraordinaire ! J'ai 22 ans au moment de mon élection, et je sais que tout ça ne durera pas. Alors je profite à fond des privilèges éphémères auxquels j'ai soudain droit.

MON INTÉGRATION

8 janvier 2016. Les anciennes Miss ont la gentillesse de m'organiser un dîner d'intégration pour marquer mon entrée dans cette grande famille. Rien ne pourrait me faire plus plaisir ! Ce dîner, c'est une occasion unique d'en apprendre

plus sur les expériences de celles qui m'ont précédée. Je me retrouve entourée d'anciennes Miss France venues des quatre coins du pays, et de William, toujours à mes côtés.

Quand je les vois arriver, si belles et sûres d'elles, je suis très impressionnée. Elles rient d'un air complice, s'embrassent avec effusion et semblent très heureuses de se retrouver, et de venir à ma rencontre. Je suis très touchée par leur attitude mais, sur le moment, je reste dans l'observation. Et pour cause. Je suis loin d'être aussi à l'aise qu'elles, je ne sais pas encore lancer un grand « Bonsoir tout le monde ! » qui porte jusqu'à l'autre bout de la salle !

La mission de Valérie Bègue

> « Il est important d'entourer la nouvelle. Quand j'ai été élue, je me suis sentie assez seule, au début. C'est pourquoi, par la suite, j'ai pris soin d'envoyer des messages aux nouvelles Miss, d'organiser des dîners d'intégration avec les autres filles, comme pour Iris. Cette tradition est assez récente, elle a tenu à la volonté de quelques-unes d'entre nous. À présent, nous avons formé un véritable groupe d'amies, et l'entraide va de soi ! »

Chacune me donne des conseils et me raconte comment elle a vécu son année. Les avis ne sont pas toujours convergents : certaines ont très mal vécu la pression médiatique et le regard des autres, d'autres ont su préserver leur vie privée. Certaines ont adoré vivre à Paris et ont trouvé la ville excitante, d'autres ne s'y sont jamais habituées. Je retiens deux choses : l'année va être exaltante, et je sais sur qui je vais pouvoir compter !

J'ai eu la chance de bénéficier des conseils de Camille

très tôt dans mon année de Miss. Dès les premiers jours, c'est elle qui me guide, me rassure et me permet de mieux comprendre les attentes qui pèsent sur mes épaules. Après mon dîner d'intégration, nous avons eu le plaisir et la chance de nous retrouver au cours de plusieurs voyages : l'un des premiers était une croisière dans les Caraïbes, sur les côtes de République dominicaine. J'y étais invitée avec Camille, ses dauphines, et Sylvie. Une expérience qui a vraiment contribué à resserrer nos liens.

Entre Miss, il existe une vraie solidarité. Toutes sans exception, nous avons eu à essuyer les regards condescendants de gens qui nous prenaient pour des poupées sans cervelle. Face à ce mépris, il est essentiel d'être unies. Ce soutien est d'autant plus important pour moi que, au cours des jours qui suivent mon élection, les attaques se déchaînent. Je viens d'être élue Miss France et, pourtant, mon estime de moi n'a jamais été aussi basse. C'est extrêmement difficile à vivre, mais cela m'oblige à mûrir plus vite.

Les souvenirs de Sylvie Tellier

> « Les médias et les réseaux sociaux ont été particulièrement difficiles avec Iris, après son élection. Je n'avais jamais vu ça. Peut-être parce qu'elle venait elle aussi du Nord-Pas-de-Calais, on ne cessait de la comparer à Camille Cerf et d'attaquer son physique… Les premières semaines ont été vraiment très dures pour elle, je l'ai vue souvent pleurer de colère et d'incompréhension. On lui reprochait de ne pas être assez jolie, assez marquante… Plus tard, en remportant Miss Univers, elle leur a fermé leur clapet et elle a eu sa revanche ! »

Je me rends compte qu'en donnant de l'importance à ces critiques, j'en oublie le principal : il est inadmissible d'attaquer publiquement le physique d'une femme, fût-elle la gagnante d'un concours de beauté. D'autant que nous sommes souvent déjà très critiques envers nous-mêmes. Je sais que ça peut paraître facile pour une Miss d'inciter les femmes à aimer leur corps. Mais la vérité, c'est que nous avons toutes des complexes. Que nous soyons petites, grandes, minces, rondes, brunes ou blondes, il y a toujours quelque chose en nous qui ne nous convient pas. Moi, je déteste mes pieds, je n'aime pas la partie gauche de mon visage et je ne supporte pas de voir mes bras de profil… Mais plutôt que de focaliser sur mes défauts, j'essaie de me concentrer sur mes atouts.

Mon conseil : deux règles d'auto-défense

Face à la déferlante d'hostilités qui a suivi mon élection, j'ai dû apprendre rapidement à me protéger. Voici deux règles qui valent en toutes circonstances :

1. Ne lisez pas ce qui vous fait de la peine. Les attaques sur les réseaux sociaux sont souvent gratuites et méchantes, et ne méritent pas qu'on s'y attarde. Au besoin, bloquez les gens qui se montrent agressifs.

2. Ne côtoyez pas les gens négatifs, ceux qui vous font des remarques désagréables sous couvert d'humour ou « pour votre bien », ceux qui vous enfoncent l'air de rien… S'il s'agit d'amis, dites-leur que cette attitude vous blesse. Sinon, fuyez-les !

En tant que Miss, nous subissons aussi une pression d'un autre type : celle de devoir nous distinguer les unes des autres. La couronne à peine posée sur la tête, nous devons annoncer ce que nous allons faire de *plus*, de *mieux*, de *différent*. Au fil des mois, je vais arrêter de me poser cette question : je préfère honorer mon titre avec autant d'exigence et de sérieux que possible, en restant fidèle à mes valeurs.

Être Miss France, c'est avant tout un travail. N'en déplaise à certains qui ne perçoivent que le côté glamour des défilés de mode ou des invitations à Roland-Garros et à Cannes. Un travail évidemment très privilégié, mais très exigeant. Mes journées sont remplies à ras bord de rendez-vous, de déplacements et de missions pour le moins éclectiques. Un jour, je participe à un Salon des arts de la table à Francfort, en Allemagne, pour un sponsor français qui y vend des casseroles ; le lendemain, je vais dédicacer des photos dans un centre commercial en province. Une semaine, je pars à Montpellier faire de la prévention bucco-dentaire dans des écoles ; la semaine suivante, je me rends à un gala de charité en Afrique.

Un jour, Camille m'a dit : « Quand tu as plusieurs enregistrements télé dans la même journée, change-toi avant chacun d'entre eux, car les émissions ne seront pas toutes diffusées le même jour. Si on te voit trois fois de suite et à un mois d'intervalle avec la même tenue, on aura l'impression que tu es toujours habillée pareil. » Un conseil qui m'a été utile plus d'une fois !

Je vais passer la majeure partie de mon année aux côtés d'Olivier ou Christopher. Olivier m'accompagnera sur quasiment tous mes déplacements en province qui sont multiples et variés, car je rencontre des professionnels d'univers très différents. Des chefs d'entreprise, des élus, des soignants, des membres d'associations caritatives… Il faut garder l'esprit ouvert à tout et faire bonne figure, même quand on est fatiguée. Christopher, mon attaché de presse, gère mon image et m'accompagne lors de toutes mes interviews pour la presse écrite, la radio ou la télévision. Ce qui fait le charme de cette année : la routine n'existe pas !

C'est aussi l'occasion de donner de la visibilité à des causes qui nous sont chères, et le comité Miss France nous y encourage. Pour ma part, grâce à l'association Les Bonnes Fées, j'entre tout de suite en action. À peine élue, je rends visite à des enfants hospitalisés à l'Institut Gustave-Roussy de Villejuif, pour les fêtes de fin d'année. Plus tard, je me rends à La Réunion, dans un service de cancérologie pour enfants. Dans ces moments-là, on arrive tout sourires, heureuse à la perspective d'aider les autres. Et on repart le cœur chaviré d'émotion.

Fidèle à ma vocation, je choisis aussi de soutenir la prévention bucco-dentaire. Avec l'aide du maire de Montpellier, dentiste de profession, je me rends dans des écoles primaires du Languedoc-Roussillon pour sensibiliser les enfants à l'importance du brossage des dents et de l'hygiène buccale. Ça me permet de garder un lien avec le métier que j'ai appris, et peut-être de créer à mon tour des vocations.

Les Français réduisent généralement notre image à nos passages chez Arthur ou dans *Fort Boyard*, mais ce n'est que la partie émergée de l'iceberg. La première occupation de Miss France consiste à animer les élections des miss régionales. Dès le printemps, ces élections reprennent dans toute la France, et cela ne représente pas moins d'une trentaine de soirées !

À bord d'un minivan, j'arpente alors les routes avec mes dauphines. Nos missions : animer chaque élection, guider les candidates et offrir le plus beau show possible. Ces moments soudent notre petit groupe… et débouchent parfois sur des situations improbables ! Lors d'une élection, par exemple, un fleuriste sponsor avait installé une vingtaine de gerbes de fleurs sur une scène déjà petite, gênant ainsi nos allées et venues. En défilant avec sa robe longue en tulle, Miss Martinique, ma première dauphine, a fini par s'y accrocher, entraînant trois bouquets derrière elle ! Une autre fois, une boutique de vêtements avait parsemé la scène de mannequins en plastique. Non seulement la déco était spéciale, mais il nous a fallu slalomer pour défiler !

En devenant Miss France, je fais mon entrée dans la vie active. Comme tous les jeunes qui décrochent leur premier poste, je n'ai pas d'expérience, mais beaucoup d'énergie et de bonne volonté. Je dois apprendre en accéléré à être une « personnalité publique » avec, en prime, un très grand devoir d'exemplarité. En l'espace d'une soirée, je suis passée du statut de citoyenne lambda à celui de symbole national. À partir de là, ma liberté de parole et d'action m'échappe en partie.

Mon écharpe tricolore pour seconde peau, je m'interdis de faire état de mes convictions, de mes préférences politiques, de ma vie privée, et je disparais quelque peu derrière l'étiquette. Il faut que je représente *tout le monde*, je ne dois donc pas avoir de parti tranché – un exercice difficile pour moi qui suis plutôt entière.

Je me méfie des questions des journalistes, je lisse beaucoup ma parole. Pas parce qu'on m'impose de le faire, mais par crainte de dire des bêtises, d'en dire trop, ou seulement de m'éloigner de l'exemple des anciennes Miss. C'est davantage de l'autocensure, j'en ai conscience, mais, à ce stade, je manque trop de confiance en moi pour oser casser les codes.

Le plus difficile, c'est de devoir être parfaite en permanence : quand on sort faire une course, quand on fait du sport, quand on prend l'avion… Parfaite physiquement, mais aussi dans la manière de se tenir. Même si j'ai une bonne raison de le faire, je ne peux pas m'emporter contre quelqu'un qui m'agace ; tout le monde va le savoir, le photographier, l'enregistrer, le poster sur les réseaux sociaux. Je ne peux pas sortir mes poubelles en jogging ou en étant décoiffée. Ni quitter une soirée en étant un peu grisée. « On » saura toujours me reprocher de ne pas être assez soignée, pas assez polie, pas assez patiente, bref, de ne pas être assez « Miss France ».

Au niveau vestimentaire, j'essaie de rester dans les codes. Pas trop de décolleté, pas de shorts ni de jupes trop courtes. Du glamour, mais toujours chic. Ce devoir de réserve est parfois lourd à porter pour une jeune femme de 22-23 ans, mais je le prends comme un apprentissage. La discrétion et la tempérance font partie du savoir-vivre français. Elles permettent de s'entendre avec tout le monde, d'être agréable à chacun et de pouvoir se fondre dans tous les cercles. Des qualités indispensables quand on est Miss – et donc ambassadrice –, et qui restent utiles toute la vie.

Ces qualités d'ambassadrice, j'en ai besoin pour honorer les quelque 200 déplacements de mon année de Miss France. En quelques mois, je parcours environ des dizaines de milliers de kilomètres sur terre, sur mer et dans les airs. Je profite intensément de chaque voyage : La Réunion, où je m'initie au parapente ; l'Italie, où je découvre Venise, le verre de Murano, les balades en gondole, les glaces en forme de fleur. Mais la destination la plus marquante pour moi reste la Chine. J'y pars avec Sylvie Tellier, à l'invitation d'un sponsor. Là-bas, j'ai véritablement le sentiment d'être « ailleurs ». Tout y est mystérieux, indéchiffrable et fascinant.

La gastronomie chinoise fournit d'innombrables découvertes, principalement parce qu'on commande un peu à l'aveugle. Chaque plat qui arrive est une nouvelle surprise, qui déclenche en général nos fous rires : ce qu'on découvre dans nos assiettes n'a rien à voir avec ce qu'on avait imaginé ! Pour rester sur une valeur sûre, je commande un jour un poulet frit, sans savoir qu'il s'agit d'une spécialité locale baptisée « poulet anesthésiant » – ce qui vous donne une idée de la quantité de piments qui l'accompagne. Je dois alors boire des litres d'eau et, surtout, manger du pain pour calmer ma bouche en feu !

Entre deux surprises culinaires, j'ai l'immense chance de pouvoir visiter la Cité interdite et de monter sur la Grande Muraille, et je comprends immédiatement pourquoi ce monument fait partie des sept merveilles du monde. C'est un lieu incroyable, magnifique, fascinant. Je me sens tellement privilégiée de pouvoir fouler cette fortification millénaire… Cette journée restera longtemps gravée en moi : jamais sans doute je n'aurais pu visiter un tel édifice si je n'avais pas été Miss France. Cerise sur le gâteau, nous en parcourons une partie du chemin en luge d'été avec Sylvie !

Outre les merveilles que je découvre dans ce pays, je suis touchée par l'extrême gentillesse des gens que je croise. Je reçois énormément de compliments, à tel point que Sylvie finit par déclarer : « Si le prochain Miss Univers se déroule dans un pays asiatique, on a toutes nos chances… » Une parole (ô combien) prophétique !

En tant que Miss France (et contrairement à Miss Univers), on a une seule et unique écharpe. Et j'y tiens comme à un doudou. Elle m'accompagne à chaque événement, chaque déplacement, chaque expérience, et incarne à elle seule tous les bons moments passés. Elle a trempé dans des mers et des océans que je ne reverrai peut-être jamais. Je la portais même quand j'ai sauté en parachute ! C'est mon souvenir le plus précieux, si bien que j'ai du mal à me résoudre à la laver...

Mon année de Miss France est un concentré de sensations fortes, un véritable accélérateur de vie. Une alternance de bonheur et d'excitation, d'anxiété et de désir, et beaucoup d'expériences inédites qui me font me sentir incroyablement vivante. Il m'arrive de sortir de ma réserve et de m'emporter : dans des stades de foot ou sur les gradins de Roland-Garros... De me laisser submerger par l'émotion, surtout après être passée au chevet d'enfants malades, comme dans le service de cancérologie de l'hôpital Gustave-Roussy où je me suis rendue dès les premiers jours de mon élection.

Comme je suis souvent invitée à des avant-premières, dans des émissions télévisées ou sur des événements sportifs, je rencontre de nombreuses personnalités, comme Jamel Debbouze et Franck Dubosc, lors d'un gala de charité à Abidjan. J'y ai aussi croisé Catherine Deneuve, mais, très intimidée, je me suis contentée de la saluer. Des artistes, j'en rencontre régulièrement, souvent dans un cadre caritatif. Au début, je n'ose pas vraiment interagir, je ne me sens pas à ma place. Je les salue poliment mais, la plupart du temps, je reste en retrait. Et puis, peu à peu, je comprends qu'à trop faire de manières, on nuit à l'ambiance générale.

Les acteurs, mais aussi les couturiers, les journalistes et les autres personnalités publiques que j'ai rencontrées, sont comme tout le monde : une fois leur travail terminé, une fois les caméras et les micros éteints, ils ont envie de passer à autre chose, de boire un verre et de parler de tout et de rien. Dès lors que j'en ai pris conscience, j'ai cessé d'être simple spectatrice. Tout en gardant la bonne distance, je me suis sentie plus à l'aise pour aller vers eux et passer, moi aussi, un bon moment.

Des rencontres, j'en fais pratiquement tous les jours.

Pourtant, je ne me suis jamais sentie aussi seule que pendant cette année. Dès le mois de janvier, je passe le jour de mon anniversaire toute seule, à travailler. Mes parents sont certes venus la veille pour fêter mes 23 ans, mais le jour J, je me sens triste et nostalgique, dans mon appartement parisien. Ce moment est assez représentatif du sentiment de solitude qu'on éprouve en tant que Miss France : j'ai beau vivre dans un cadre superbe, je n'ai souvent personne de proche avec qui partager les bons moments, hormis les amitiés qui se forment dans mon entourage, au cours de mon année de Miss.

En vivant à Paris, je suis physiquement coupée de ceux que j'aime. Mais l'éloignement est aussi d'un autre ordre. La distance s'installe petit à petit, de façon plus souterraine : on n'arrive plus à être tout à fait comme avant, on perd un peu en spontanéité. Et ça s'étend par cercles concentriques : d'abord avec la famille, puis les amis, et tous les autres en général.

Lorsque je viens à Tourcoing chez mes grands-parents pour fêter Noël, juste après l'élection, je suis suivie par la télévision. Il y a des cameramen dans la maison, mes parents sont interviewés, tout le monde est très intimidé. Au bout d'un moment, ma grand-mère lance : « C'est tellement bizarre d'avoir Miss France à la maison ! » Amusée par la remarque, je lui réponds que ça ne change rien ; mais elle a raison. Rien n'est plus pareil. J'introduis un monde étranger au sein de notre intimité familiale, et ça dénature la fête.

Les questions de mes proches fusent et s'enchaînent, ces mêmes questions auxquelles j'ai répondu des dizaines de fois dans mes interviews. Intérieurement, je sature. Je suis lasse de me répéter, j'aurais envie de faire un break. De les écouter, eux. De découvrir mon petit-neveu, Octave, de savoir ce que ça fait d'être maman, et de profiter de ce Noël exceptionnel où mon père, ma belle-mère et ma petite sœur sont là, eux aussi, avec mes quatre grands-parents, mes tantes et mes oncles.

Peu à peu, j'apprends à éluder les questions qui me pèsent. Les miens ont très vite perçu que je leur échappais, et moi, que je ne pourrais plus tout leur dire. Rapidement, nouvelles et rumeurs précèdent mes propres confidences. J'ai conscience que c'est difficile pour ma mère, ma sœur et mon père d'apprendre où je suis ou ce que je fais par un voisin ou un collègue qui l'a lu sur Internet. Ils se sentent sans doute parfois exclus, voire blessés. Mais ils comprennent qu'avec un planning aussi dense – et que je découvre moi-même à la dernière minute ! – les maintenir informés de tout me serait impossible.

Des moments avec ma mère plus rares mais d'autant plus précieux

> « La notoriété d'Iris nous a privées de certains moments bien à nous : on ne peut plus vraiment aller se balader dans la campagne, autour de la maison, ou faire du shopping ensemble. Et puis, elle est beaucoup moins présente. Au début, c'était très dur à accepter. Maintenant, je me console en me disant que, quand on se voit, on se voit vraiment. On se réserve du temps pour ne rien faire d'autre qu'être ensemble, discuter, se reposer… La question, aujourd'hui, c'est : que peut-on partager d'essentiel quand on se retrouve ? Ça rend le temps passé ensemble beaucoup plus dense et précieux. »

Amis, copains d'enfance ou de fac, chacun tente de rester présent dans ma vie. Au fil de mes victoires, je reçois des centaines de messages et de témoignages d'affection. J'en suis fière et ça me fait plaisir, mais il m'est malheureusement impossible de répondre à tout le monde.

Je sais que ma famille m'aime d'un amour inconditionnel et qu'elle accepte que je ne parle pas si je n'en ai pas envie. Avec les amis, c'est plus délicat. Ils sont tous friands de partage et de confidences. Et c'est bien normal, l'amitié est faite de ça. J'ai dû m'habituer à vivre une vie où il faut se raconter en permanence et à tout le monde. Mais comment résumer ce que je vis en quelques phrases ? Le plus simple est de dire ce que chacun a envie d'entendre : le luxe, les voyages, les belles robes, les rencontres… Mais il n'y a jamais le temps ni l'écoute nécessaires pour évoquer les contreparties : la fatigue, la pression médiatique, l'incertitude des lendemains… Et si on s'y risque, certains se croient bien inspirés d'invoquer « la rançon du succès ». Alors, parfois, quand je me sens piégée par le devoir de « raconter », je préfère sortir le moins possible.

Mon isolement est exacerbé par la peur des paparazzis et des photos volées dans la rue, dans les restaurants ou dans la salle où je vais faire du sport… Dans les Flandres, nos petites balades en famille appartiennent au passé. À Paris, je vis les rideaux tirés, car je ne me sens pas à l'abri de photos qui pourraient être prises depuis l'immeuble d'en face. Et puis, on voit passer tellement de fausses rumeurs sur les réseaux sociaux que je suis en permanence sur mes gardes. Si je sens que quelqu'un veut en savoir trop, que les questions se font pressantes… je me renferme.

Ce qui m'énerve le plus ? Les articles où on raconte n'importe quoi et qui colportent bêtement des ragots. Parce que je sais qu'ils seront blessants pour ma famille. Je me demande immédiatement ce que mes parents et mes proches vont penser de moi. Le pire, c'est d'imaginer que ça puisse les atteindre tout en sachant que je ne peux pas les préserver.

LE BLUES DE L'ÉTÉ

La pire période de mon année de Miss France a sans conteste été l'été. Le 15 juillet 2016, lendemain des attentats de Nice, je dois faire une apparition sur le Tour de France. Il fait très froid, je ne me sens pas bien et j'hésite beaucoup avant de m'y rendre. Mais je me suis engagée à soutenir l'association Mécénat Chirurgie Cardiaque et dois, dans ce cadre, effectuer un bout de l'étape à vélo, avant l'arrivée des cyclistes. Mais, en plein exercice, à la sortie d'un tunnel, je tombe et glisse sur plusieurs mètres. La douleur est lancinante, j'entends les secours qui arrivent et m'emmènent bientôt aux urgences, où je subis une opération. Clavicule fracturée. Un mois d'arrêt complet.

Je rentre à Paris, le moral en berne, et ma mère me rejoint pour passer avec moi le temps de ma convalescence. À cause de cette blessure, je viens de gâcher un mois de mon règne ! Je suis remplacée car, avec mon bras en écharpe, je ne peux plus porter mes costumes de scène. Je prends de la morphine pour atténuer la douleur et, un jour, ma mère ne parvient pas à me réveiller. Paniquée, elle m'emmène aux urgences.

C'est une période éprouvante pour toutes les deux. Avec le temps, j'ai appris à considérer mes blessures autrement. Mes cicatrices sont un peu comme des tatouages. Elles sont uniques, et représentent des moments de la vie que j'ai su dépasser. Cette épreuve était difficile, mais j'en suis ressortie plus forte, plus déterminée à profiter du temps restant en tant que Miss.

Comme un malheur n'arrive jamais seul, c'est au cours

de cet été-là que je romps avec Matthieu, qui me soutient pourtant sans réserve depuis le début. Mon cas est loin d'être unique. Toutes les Miss France sont frappées par la « malédiction des petits copains », la fatidique rupture de l'été. On a beau s'aimer très fort, se dire que notre couple résistera à tout, rien ne résiste au gouffre qui se creuse au cours de cette année. Éloignée physiquement, je suis plongée dans le tourbillon d'une vie qui n'a plus rien de commun avec la vie étudiante. Je ne suis plus aussi disponible, je vis des choses différentes, et je dois mûrir très vite. De son côté, Matthieu s'habitue à vivre sans moi, et réorganise sa vie. En fin de compte, nous nous éloignons tous deux, et il nous faut quelques mois pour admettre l'inévitable.

Les confidences de Sylvie Tellier

> « Quand je conseille aux Miss de rester discrètes sur leur relation amoureuse, c'est pour préserver leur intimité et parce que leur histoire ne survivra peut-être pas à l'année Miss France. Elles sont alors très choquées et me trouvent pessimiste. Malheureusement, dans une grande majorité des cas, elles découvrent au bout de quelques mois que j'avais raison ! Et c'est normal. Quand elles rentrent chez elles, elles ont des souvenirs fantastiques à raconter : en un an, elles vivent l'équivalent de dix années d'expérience, de voyages, de rencontres, et de maturité.
>
> Il y a un décalage réel, ils ne sont tout simplement plus accordés, et la rupture est alors inévitable… »

Camille m'avait prévenue. La malédiction lui est tombée dessus comme sur toutes les autres. Mais son expérience m'apprend aussi que, à terme, les ex se relèvent de cette rupture avec les honneurs, et retirent de cette relation une sorte de prestige, qui agit sur les demoiselles de leur entourage. L'avenir de Matthieu confirmera heureusement cette théorie !

JE NE VEUX PAS RENDRE MA COURONNE

Les journalistes sont les premiers à nous rappeler que le temps nous est compté : dès le mois de septembre, ils commencent à s'intéresser à ce qu'on va faire « après ». Pour moi qui viens de passer l'été à Paris avec une clavicule à rétablir, je n'en suis pas du tout au point de me projeter sans ma couronne. J'ai, au contraire, une folle envie de l'arborer et de me remettre au travail. De septembre à décembre, je reprends les élections locales, les séances de dédicaces, les émissions de télévision, les contrats publicitaires. Et je me sens revivre. Tous ces moments privilégiés, je les vis comme des bulles éclatantes et éphémères.

Je regarde ce que font les Miss qui m'ont précédée. Elles ont toutes choisi des voies différentes et qui leur correspondent bien. Malika et Laury sont devenues journalistes, comme elles le souhaitaient avant l'aventure. À la suite de son règne, Alexandra a fait de la télé ; Valérie, de la radio et du théâtre. Camille anime une émission, et se lance dans la création d'une ligne de lingerie. La vie ne s'arrête pas quand on passe le relais, je le sais bien : elle suit son cours.

« À la fin de mon année Miss France, j'ai ressenti un immense vide, exactement comme Iris. C'est difficile, car on voit toutes les personnes qui nous ont accompagnées se mettre au service d'une autre du jour au lendemain, comme si on nous retirait notre famille. C'est une année où on reçoit énormément d'amour, mais on nous remplace aussi très vite, si bien qu'on se sent abandonnées. Moi, j'avais encore un côté enfant, je n'avais pas de plan précis, et je savais qu'on m'attendrait au tournant. Il faut trouver quoi faire ensuite, et réussir à donner un sens à cette expérience. »

Cependant, à la veille de rendre ma couronne, je me sens désemparée. J'ai déjà rendu mon appartement de Miss France, que le Comité prépare pour la future élue, et je passe d'un hôtel à l'autre pendant mon dernier mois de règne, entre Paris et Montpellier. Perdre mon chez-moi est un véritable bouleversement. Cet appartement, ce quartier ont été les miens pendant un an. Camille m'avait prévenue que la transition serait brutale. Quand elle-même est revenue chercher ses dernières affaires après mon élection, elle les a trouvées abandonnées dans un carton, dans le hall de l'immeuble.

Lorsque j'accompagne les candidates à l'élection de Miss France 2017 à La Réunion, mon malaise s'aggrave. Les nouvelles me semblent plus jeunes, enthousiastes, impressionnables. Et c'est moi qui dois les guider dans ce voyage quasi initiatique. Je fais bonne figure, je tente de m'intéresser aux pronostics mais, intérieurement, une seule pensée m'obsède : pour moi, le rêve va s'arrêter. Et la suite ?

Comment l'envisager, quand je n'ai que quelques semaines pour tout horizon ? Au-delà, impossible de me figurer l'avenir. Aux journalistes qui m'interrogent sur mes plans je réponds que je reprendrai dentaire, la fac et ma vie lilloise, mais mes propos sonnent faux à mes propres oreilles. J'essaie de me réjouir de ce retour, de m'imaginer en blouse blanche et queue-de-cheval, en amphi ou dans mon studio d'étudiante. Comme avant, mais sans Matthieu à mes côtés. Puis je m'imagine assaillie de curieux qui me parleront de ma vie de Miss comme d'une parenthèse révolue, un peu incongrue, dont personne ne comprendra la richesse. Et cette seule perspective me fait monter les larmes aux yeux.

Les confidences de Valérie Bègue

> « À la fin de mon année de Miss France, j'étais contente de retrouver ma liberté, de sortir de cette vie où l'on est toujours assistée, entourée de chaperons qui s'occupent de tout. Mais, du jour au lendemain, tout s'arrête, on se retrouve seule. C'est assez violent. Mais c'est aussi le début de nouveaux défis. »

Je suis tellement différente de celle que j'étais il y a un an… Comment renouer avec ma vie d'avant ? C'est difficile à avouer, mais ce milieu n'est plus le mien, et l'existence que j'ai menée pendant mon année de Miss France ne peut pas simplement se réduire à un beau souvenir. Inconsciemment, je reporte sans cesse le moment de me réinscrire à la fac ou de chercher un appartement, ce qui alerte mes proches. Ce n'est pas raisonnable, je le sais, mais je me fie à mon instinct. Et celui-ci ne me dit qu'une chose : je ne veux pas rendre ma couronne !

Le soir de l'élection de Miss France 2017, je retrouve tout le faste de l'événement. Le show, sur le thème « féerie de Noël », est une fois de plus époustouflant, et je savoure chaque seconde de ce qui s'annonce comme ma dernière apparition en *prime*. Quand, à l'annonce des résultats du vote, je pose ma couronne sur la tête de Miss Guyane, je sens quelque chose se briser en moi. Je sais pourtant que nos privilèges d'égérie française s'évaporent au bout d'un an, que le titre passe de l'une à l'autre, s'attachant moins à la personne qu'à un certain idéal féminin. Mais on a beau être prévenue, cette passation reste difficile à vivre.

Les confidences de Camille Cerf

> « On voit souvent l'année de Miss France comme une finalité, alors que c'est une rampe de lancement. Il faut trouver son créneau, c'est tout. Et il y a mille façons de rebondir. Moi, quand mon année s'est achevée, je n'ai pas eu de coup de blues. J'avais envie de me lancer dans l'entrepreneuriat et de passer à autre chose. Iris, elle, est très sensible aux changements. Elle est très émotive et très attachée aux rituels et aux choses qui l'entourent. Rendre la couronne, ça revenait à tout changer de nouveau. Et ce n'était pas facile. »

Du jour au lendemain, ce que l'on m'a donné m'est repris. Toute l'équipe qui m'a suivie, entourée, soutenue, tous ces gens qui ont vibré à mes côtés pendant un an et de qui je me sens aujourd'hui si proche me délaissent soudain au profit de la nouvelle élue. Je me retrouve seule, destituée, sans accompagnement approprié pour gérer cette transition douloureuse. Cette période est de loin la pire que j'expérimente dans mon parcours de Miss. Rien ne m'a préparée à ce sentiment de vide et d'angoisse. Pendant un an, j'étais le centre d'une joyeuse procession, j'ai rencontré des milliers de gens et occupé une place qui a compté. Ne nous mentons pas : j'y ai pris goût. J'ai vécu cette année d'exception mille fois plus intensément que n'importe quelle autre. Et, à présent, je dois revenir à la réalité, « redescendre du manège », comme me dit ma mère qui s'inquiète de me voir si morose.

Une seule perspective me raccroche à mon titre : le concours de Miss Univers, qui a lieu en janvier 2017, à Manille. Aucune Française n'a remporté ce titre depuis Christiane Martel en 1953 et, comme les gagnantes sont presque toujours sud-américaines ou asiatiques, personne ne prend vraiment ma candidature au sérieux. Pourtant, dans mon for intérieur, l'espoir renaît. Ou plutôt, mon besoin viscéral de rester dans la course me pousse à croire en ma chance. Le goût du défi, qui m'a galvanisée tout au long de mon parcours, me rend mes ailes. Poursuivre cette vie de rêve, rien qu'un petit peu, est tout ce à quoi j'aspire. Je suis prête à tout pour y parvenir : me préparer, étudier les concurrentes, me lancer à corps perdu dans la compétition… *Vous ne me croyez pas capable de gagner la couronne de Miss Univers ? Je pourrais bien vous étonner…*

Look de jour

Le teint

- Pour un maquillage naturel et lumineux, appliquer une crème hydratante adaptée à votre type de peau, une base qui fixera votre maquillage.

- Appliquer :
  – une BB crème (fond de teint léger), afin d'unifier le teint tout en gardant le naturel de votre peau ;
  – un correcteur qui viendra gommer les imperfections ;
  – de l'anticernes, sur les zones que l'on souhaite illuminer : le dessous des yeux, le milieu du front et l'arête du nez, voire au niveau du menton ;
  – une poudre libre, ou compacte transparente, que l'on appliquera en touches légères, pour fixer le teint sans le surcharger.

- Mettre de la poudre de soleil qui redonnera de la dimension au visage et réchauffera le teint (attention à garder une teinte naturelle) sur les zones extérieures du visage : le front, le creux des joues et la mâchoire.

- Ajouter du blush, pour apporter une touche fraîche.

- Appliquer enfin de l'*highlighter* (poudre illuminatrice) sur les zones bombées du visage : haut des pommettes, arête du nez et sous les sourcils.

- Redessiner les sourcils, pour encadrer votre regard. Attention à le faire de manière naturelle, à l'aide d'un fard en poudre ou d'un crayon à la teinte de votre chevelure.

Les yeux

- Appliquer un fard or sur toute la paupière mobile.
- Dans le creux des paupières, un fard ocre donnera de la dimension à votre regard.
- Appliquer en ras de cils supérieurs un fard ou un crayon marron sombre, afin d'étirer votre regard.
- Enfin, mettre du mascara sur les cils supérieurs et inférieurs, pour ouvrir le regard.

Astuce : le recourbe-cils permet d'obtenir des cils plus longs, et d'avoir un regard au top !

La bouche

- Appliquer un baume hydratant teinté.

Les cheveux

- Les laver avec un shampooing sec, qui gaine la racine et donne du volume.
- À l'aide d'un fer à boucler, prendre des mèches épaisses et les boucler vers l'extérieur, en gardant les pointes raides, afin de créer un effet *wavy*.
- Pour finir, passer les mains dans les cheveux avec un sérum hydratant, la tête vers le bas, afin de séparer les boucles et obtenir un effet naturel.

Astuce : après le shampooing, appliquer une mousse volume, pour donner du corps à vos cheveux.

4

Miss Univers, mon American Dream

Rendre ma couronne de Miss France m'a brisé le cœur. Je me sens incapable de retourner à la « vie normale », comme si cette année 2016 n'avait été qu'une parenthèse dorée. Alors je me plonge à corps perdu dans le concours de Miss Univers, consciente que la concurrence sera rude. L'adversité et l'effort ne me font pas peur, seul le manque de perspectives m'effraie. Je vais alors découvrir un concours très différent de tout ce que j'ai connu. Une compétition où, pour gagner, il faut oser s'exposer, se sophistiquer, jouer le jeu à fond et sortir de sa zone de confort. Un concours à une tout autre échelle, dans une langue étrangère, avec des codes que je ne maîtrise pas encore et que je vais devoir cerner très vite. J'y trouve exactement ce que je suis venue chercher : du challenge !

MON NOUVEAU CHALLENGE

Je ne suis plus Miss France, et pas encore redevenue étudiante. Je ne suis plus parisienne, et pas encore redevenue lilloise. Je suis dans un entre-deux inconfortable, effrayant, et mon avenir se résume à une seule échéance : le départ pour Manille. C'est là qu'aura lieu l'élection de Miss Univers, car la tenante actuelle du titre est philippine. Ma mère commence à se faire du souci en voyant que je ne cherche pas d'appartement et repousse mon inscription à la fac. Pour ma famille, Miss Univers reste un rêve lointain, inatteignable. Il est vrai que le charme des Françaises n'a pas opéré depuis plus de soixante ans… Pourtant, je refuse de baisser les bras. Je n'ai plus de titre, plus d'engagement, plus de petit copain, aucune perspective qui m'enthousiasme. Alors je vais tout donner pour ce concours !

Les semaines qui précèdent, je me consacre entièrement à la préparation du concours. Là encore, je peux compter sur l'aide précieuse de William, de qui je suis devenue très proche au cours de l'année écoulée. Grâce au comité Miss France, je m'exerce à répondre aux questions et je travaille consciencieusement mon anglais, qui est loin d'être fluide. Surtout, je suis coachée par Arnaud, le maquilleur-coiffeur chargé de préparer les Miss aux concours internationaux. Je l'ai rencontré dès le soir de mon élection à Miss France, et, depuis le mois d'avril, il insère dans mon planning des journées consacrées à Miss Univers. Après la remise de ma couronne, nous passons en phase intensive !

Arnaud m'héberge toute la semaine qui précède mon départ, et, jour après jour, j'apprends tout ce que je dois savoir pour aborder la compétition à l'américaine : comment poser des extensions, des faux cils, comment exécuter un maquillage de pro en un temps réduit… Il va même m'enseigner les secrets du *catwalk* dans son sous-sol ! Avec lui, je sais que je suis entre de bonnes mains. Enfant, Arnaud était petit rat de l'Opéra de Paris, puis, dans les années 1980, il a entraîné des mannequins de l'agence Elite à défiler. Je recueille précieusement ses conseils, et comprends qu'avoir un bon état d'esprit est sans doute le principal facteur de réussite. La motivation et la personnalité sont des qualités primordiales pour se distinguer.

Miss Univers est fondamentalement différente de Miss France. Cette dernière doit être aussi sage et distinguée que l'autre est exubérante et engagée. Là où j'ai appris à parler prudemment et à tenir mes opinions sous cloche, il me faut désormais m'exposer et rire à gorge déployée. Alors que la France attend de ses Miss qu'elles s'inscrivent dans une lignée de jeunes femmes bien élevées et tout en retenue, l'Univers cherche un caractère bien trempé pour le représenter. Le fossé est immense.

Iris était très studieuse, très à l'écoute. Elle a passé une semaine d'entraînement intensif chez moi, avant son départ pour Manille. Tous les matins, elle se maquillait, apprenait à poser ses faux cils et ses rouleaux chauffants de plus en plus vite. L'objectif était de gagner du temps, une fois sur place. Je lui ai transmis mes techniques pour défiler en maillot de bain, faire claquer joliment son paréo ou encore marcher en robe du soir avec des talons hauts de 14 centimètres. Miss Univers, c'est le "glamour hollywoodien" : sophistiqué, avec des extensions, des faux cils, beaucoup de volume. En France, la mise en beauté est plus soft, le style plus naturel, car le naturel est associé au bon goût. Ce ne sont pas les mêmes références. Il a donc fallu "américaniser" le look d'Iris, le rendre plus glamour, tout en gardant l'identité française par le style, par exemple avec des yeux charbonneux (smokey eyes) et lèvres naturelles, façon Chanel. La frontière n'est pas évidente à trouver. Mais, a priori, on a plutôt bien réussi !

Arnaud Sol Dourdin

Grâce au soutien de William et d'Arnaud, je pars en étant aussi bien préparée que possible. Nous avons même choisi ensemble toutes les tenues que je porterai. Dans l'avion, cependant, je ne peux m'empêcher de sentir une certaine appréhension. Pour moi qui suis désormais habituée à effectuer des déplacements planifiés à la minute, j'ai la nette impression de voler vers l'inconnu…

Dans ma valise pour Manille, toutes mes tenues étaient préparées et numérotées : tenues de jour, tenues de soirée, tenues de gala. Sur chacune, j'avais épinglé un petit sachet contenant les bijoux à porter et la photo de la tenue complète, avec la pochette et les chaussures assorties. Se lever et ne pas se demander ce qu'on va mettre, c'est gagner du temps et commencer la journée avec sérénité.

UNE COMPÉTITION À L'AMÉRICAINE

Lorsque je pose pour la première fois le pied dans l'hôtel qui héberge toutes les candidates, je suis sous le choc. On a eu beau me prévenir, la « différence culturelle » restait jusque-là assez théorique. Les femmes qui déambulent devant moi ont un corps parfait – refait pour certaines. Miss Colombia, favorite de l'élection, traîne dans son sillage plus de vingt valises. Avec mes cinq pauvres bagages, j'ai l'air assez pitoyable et, de fait, elle ne me regarde même pas. Je n'apparais pas comme une concurrente sérieuse, je m'en rends très vite compte !

Les premiers jours, je suis médusée par le bal frétillant des Sud-Américaines. Par leurs manières libres et cavalières, leur aisance avec les membres de l'organisation et les journalistes. Je n'ai rien de commun avec ces filles, mais il faut s'adapter. Et vite. Qu'elles le veuillent ou non, elles vont devoir compter avec moi !

Nous sommes quatre-vingt-six candidates, et l'atmosphère est très loin de l'ambiance feutrée de l'hôtel Barrière de Lille. Ici, Miss Venezuela, Miss Colombia, Miss Argentina,

Miss Thailand et Miss Philippines mènent la danse. Elles rient fort, portent des tenues flashy, plaisantent avec les journalistes, passent d'un chef d'entreprise à un ambassadeur avec un sourire ravageur et un déhanché appuyé. Elles comptent parmi les favorites, et certaines se préparent depuis un an à ce qui va suivre.

À côté d'elles, je me sens assez décalée. Pourtant, je sais désormais comment arriver dès le petit déjeuner avec le cheveu brushé et un maquillage impeccable. J'ai aussi fait beaucoup de sport et travaillé mes abdominaux, car un corps musclé est un sésame dans cette élection ; les *bookmakers* (pronostiqueurs) me décernent d'ailleurs le prix du « *best body* ». Mais, à ce stade, je n'ai pas encore les bons codes : j'ai pour habitude de parler quand on m'y invite, et non celle de prendre un micro pour improviser du *small talk*. Or, chez Miss Univers, plus on en rajoute, plus c'est apprécié.

Heureusement, je partage ma chambre avec une fille adorable, Miss Israel. Elle aussi est effarée par ce qu'elle observe. Notre complicité résistera aux tensions de la compétition, et ce sera d'un grand réconfort durant les jours de spleen. Pour mon anniversaire, qui tombe le jour des présélections, le 25 janvier, je sors dîner au McDo en sa compagnie. Sa présence me remonte le moral, car ça fait deux ans que je ne peux pas souffler mes bougies avec mes proches, ce qui est assez déprimant.

À Miss Univers, les trois quarts des filles sont passées sous le bistouri. Cette année-là, Miss Venezuela s'était fait opérer 17 fois. Au milieu de ça, Iris, c'est la belle des champs : la petite Française, fraîche et proprette. En face d'elle, il y a 80 bombes, pour certaines très sexy, et, entre les filles, c'est la guerre. Elles doivent se battre tous les jours pour obtenir le bon maquilleur, la bonne robe, la bonne place sur la bonne photo… Iris, c'est une bête de concours, mais version "première de la classe" : elle travaille en suivant les règles du jeu. Or, pour gagner Miss Univers, il faut plus que ça. Il faut être une warrior. *Et c'est là qu'elle nous a tous bluffés.*

William Cerf

Le matin, j'essaie de faire le moins de bruit possible pour ne pas réveiller ma *room mate*, parce que je me lève une heure et demie avant de descendre. Nous ne sommes pas tenues de nous préparer avant le petit déjeuner, mais je préfère prendre les devants. D'après Arnaud, pour avoir toutes ses chances, il faut sortir de sa chambre comme si on avait été coiffée et maquillée par un professionnel. Des journalistes sont présents dans l'hôtel, sans parler des autres candidates, pas toujours bienveillantes…

Une seule fois, j'ai justement fait l'erreur d'arriver sans m'être maquillée au petit déjeuner, et c'est bien sûr ce moment-là qu'ont choisi les autres filles pour faire des selfies avec moi, qu'elles postent ensuite sur les réseaux sociaux. On ne m'y reprendra plus...

Mon premier réflexe, au sortir du lit : allumer ma machine à rouleaux. Douche, rapide, charlotte sur la tête. Après quoi, je m'installe devant la glace, à côté de ces petits instruments de torture. Même si j'en ai pris l'habitude, mettre des rouleaux chauffants seule est un calvaire : ça brûle les doigts, ça glisse, ça tire, et c'est terriblement long… J'enroule aussi des rouleaux sur les extensions que je clipperai plus tard sur mes cheveux.

Next : le maquillage. Arnaud et William m'ont appris

à faire en quarante-cinq minutes un maquillage de professionnel qui demande habituellement deux heures. J'ai toutes mes fiches avec moi, mais c'est plus pour me rassurer car, à ce stade, mes gestes sont sûrs. Le maquillage terminé, je passe à l'habillage. Je mets la tenue du jour, celle que nous avons soigneusement préparée et, comme chaque matin, je glisse dans mon sac une tenue de rechange. Parée à toute éventualité ! Il ne me reste alors plus qu'à enlever les rouleaux, mettre de la laque, coiffer, clipper les extensions, coiffer encore, et voilà : je suis prête à affronter la journée !

Comme nous sommes très nombreuses, nous ne faisons pas toutes les mêmes activités. Nous sommes réparties par groupes de quatre, et chaque groupe est managé par une *supervisor.* Dans mon groupe, il y a Miss Israel – ma *room mate* –, Miss Haiti et Miss Mauritius. Des groupes partent rendre visite à des enfants hospitalisés tandis que d'autres sont invités par des entreprises ou encore préparent les chorégraphies... En général, nous nous retrouvons le soir pour des galas ou des soirées avec des sponsors.

Pour les Philippins, l'élection de Miss Univers est un événement capital, aussi populaire que l'est chez nous la Coupe du monde de football. Nous en prenons la pleine mesure au cours d'une visite dans la ville de Cebu : pendant le trajet, des milliers de gens, massés sur le bord de la route, nous encouragent avec force. À notre passage, ils hurlent, pleurent et deviennent hystériques. Ils portent des couronnes, des écharpes de miss ou des drapeaux des pays qu'ils soutiennent. Il y a même des enfants, dispensés d'école pour l'occasion ! Derrière eux, des maisons très modestes contrastent avec le faste de l'élection. C'est justement ce faste qui leur plaît : rêver à travers nous leur permet de s'échapper du quotidien.

C'est extrêmement émouvant parce qu'on sent beaucoup d'amour. Nous sommes accueillies à notre arrivée par des « mini-nous » : des petites filles qui portent des couronnes et des écharpes. Chaque Miss cherche la sienne. Je crie : « Elle est où, France ? », et j'aperçois ma « petite moi » : elle est très chou ! Cette journée-là reste un moment inoubliable.

FRANCE, IL FAUT QUE TU T'IMPOSES, IL FAUT QUE TU Y CROIES !

Les premiers jours, je fais bonne figure, discute avec tout le monde et participe aux répétitions. Gentiment. Trop sans doute, car chez Miss France et sur les réseaux sociaux, on me reproche de ne pas en faire assez, d'être trop discrète… Lu, la coach qui nous entraîne à l'art de la scène, m'exhorte à parler plus fort, à me faire entendre depuis le fond de la salle. Elle me répète tout le temps : « France, il faut que tu t'imposes, il faut que tu y croies ! »

La vérité, c'est que je me sens dépassée. Je n'ai aucune interview, peu de sorties, et je suis convaincue que je n'intéresse personne, qu'on me classe dans le groupe des hors-jeu. Ce que j'ignore, c'est que l'organisation de Miss Univers porte sur moi un regard très bienveillant. Toutes les *supervisors* m'adorent, comme je l'apprendrai plus tard. Elles me trouvent bien élevée, agréable, disciplinée… À tel point que leur chef à toutes ira trouver Paula Shugart, la présidente de Miss Univers, pour lui dire qu'à titre tout à fait exceptionnel les *supervisors* souhaitent attirer son attention sur Miss France. Elles pensent que je mérite de gagner.

Lu, c'est la coach qui nous prépare à « exister sur scène ». Avec elle, nous nous entraînons à marcher, à occuper nos mains, à parler dans le micro... Un jour, elle nous dit : « Ça suffit, maintenant ! Arrêtez de vous regarder ! Vous êtes belles, pas la peine de chercher à le vérifier dans le miroir. Les seuls que vous devez regarder, ce sont les jurés. Ne les lâchez jamais des yeux. Quand vous êtes sur scène, il n'y a plus que vous et eux. » J'y repense souvent, en particulier quand je suis sur une scène ou en interview. Ça m'aide à me concentrer sur les bonnes personnes, et à oublier tout ce qu'il y a autour.

Un jour, je décide de sortir enfin de ma coquille. De ne pas être que gentille et bien élevée. À cette occasion, j'aurais pu tout abandonner. Et c'est d'ailleurs ce qu'ont fait les filles de mon groupe : elles ont baissé les bras. Pas moi.

Ce jour-là, nous devons partir toutes ensemble en excursion. Le rassemblement dans le hall de l'hôtel est prévu à 8 heures. J'ai mis mon réveil deux heures avant, pour pouvoir me préparer tranquillement. 5 h 55 : on tambourine à la porte. C'est notre *supervisor.* Elle s'est trompée, s'excuse platement, mais « le départ, c'est maintenant ! Toutes les autres filles sont déjà en bas, et le bus part dans cinq minutes ! » Je vous laisse imaginer le stress qui nous cueille là, à peine réveillées. Je me précipite dans la salle de bains pour la douche la plus rapide du monde. J'enfile la tenue que j'ai sortie la veille, j'attrape mon sac, avec vêtement de rechange et trousse de maquillage. En courant dans le couloir, j'improvise une queue-de-cheval. Dans l'ascenseur, je passe un coup de mascara. J'ai vingt secondes, dix, cinq, stop : les portes de l'ascenseur s'ouvrent…

Mais, dans le hall, plus personne. Le bus est parti. Nous nous engouffrons toutes les cinq dans un taxi pour rejoindre l'aéroport. L'une des candidates pleure, l'autre cale son front contre la vitre pour dormir, puisque « de toute façon, c'est fichu ». Moi, j'utilise les dix minutes du trajet pour faire ce que je peux : cacher mes cernes, réveiller mes pommettes, souligner mon regard. Une fois à l'aéroport, je ne suis pas celle que je prévoyais d'être la veille, mais je peux faire face aux photographes sans me liquéfier. Surtout, je sens monter en moi une combativité nouvelle !

Je dis souvent qu'il faut toujours y croire. Ce matin-là, c'est ce qui m'a sauvée. On m'avait volé du temps, j'aurais pu perdre la face devant les caméras comme devant les autres filles. J'ai su montrer, au contraire, que je ne me laissais pas démonter. Que j'étais capable de me battre jusqu'au bout, avec mon maquillage de survie et un simple élastique dans les cheveux. Être forte mentalement, ne jamais abandonner, voilà ce qu'ils aiment chez Miss Univers. Être une *warrior.* Tout le staff assiste à cette petite « mésaventure ». Tous me voient arriver souriante à l'aéroport, riant de ce qui nous est arrivé. Je marque un premier point qui sera décisif. Et je leur envoie un message à tous.

MON ÉCHARPE PREND PLUS DE FORCE

C'est comme ça que mon rôle d'actrice a commencé. Dans les plantations de fraises que nous visitons l'après-midi même, je prends la pause, je cueille de beaux spécimens et fais mine de les croquer. Les photographes mordent à l'hameçon ! Un autre jour, nous sommes invitées sur un green et nous roulons en voitures de golf. Une petite accélération, quelques cris de joie pour montrer que nous savons nous amuser, et le tour est joué, ce sera diffusé le soir même au journal télévisé…

Ma routine de soin

1. Nettoyez votre visage avec un gel moussant adapté, puis faites un gommage doux pour le débarrasser des impuretés.

2. Trempez une serviette propre dans de l'eau très chaude (astuce : vous pouvez aussi utiliser une infusion à la camomille), puis appliquez-la sur le visage pendant dix minutes pour ouvrir les pores de la peau. Autre option : placez votre visage au-dessus d'une casserole d'eau chaude et mettez une serviette sur la tête pour un effet « hammam ».

3. Appliquez un masque adapté à votre peau (n'hésitez pas à combiner : un masque purifiant sur la zone T et un masque hydratant sur les autres parties du visage) et laissez poser dix à quinze minutes.

4. Après avoir enlevé le masque, rafraîchissez votre visage avec une lotion apaisante à la rose.

5. Hydratez votre peau avec une crème adaptée à sa nature.

6. Profitez de ce moment rien qu'à vous pour mettre une musique zen et vous relaxer ☺ !

J'ai toujours cru au succès d'Iris à Miss Univers. Elle avait toutes ses chances parce qu'elle était "complète" : belle, intelligente, spontanée, avec un corps parfait, et, surtout, une volonté qui a fait toute la différence. Au bout du compte, c'est la volonté qui est déterminante – et non la chirurgie esthétique, contrairement à ce qu'on entend souvent. Je n'ai jamais vu aucune Miss s'entraîner avec autant de sérieux et d'acharnement qu'Iris pour ce concours. Généralement, les filles baissent les bras une fois arrivées sur place, en voyant la concurrence. Mais Iris a tenu bon. C'était son rêve d'obtenir cette couronne, et elle s'est donné les moyens de gagner.

Sylvie Tellier

Désormais, je travaille à me rendre visible. Je me rapproche des filles les plus médiatiques, celles dont l'humeur joviale est télégénique, comme Andrea (Miss Colombia), qui devient une bonne amie. Lors des dîners, je fais en sorte de m'asseoir en face de la table des membres de l'organisation. S'il y a un spectacle, je m'assieds au premier rang. Si Pia Wurtzbach, la Miss Univers en titre, prend la parole, je m'approche d'elle au plus près pour être sur la photo. Tout cela me fait l'effet d'une grande comédie. Mais si j'avais respecté l'étiquette française, je serais restée assise sur ma chaise, j'aurais ri poliment avec mes voisines de table, et rien de tout ce qui a suivi ne serait arrivé.

Pour l'élection de Miss Univers, les réseaux sociaux comptent beaucoup. À Manille, Iris n'avait pas le temps de s'occuper de tout ça. Ce concours,

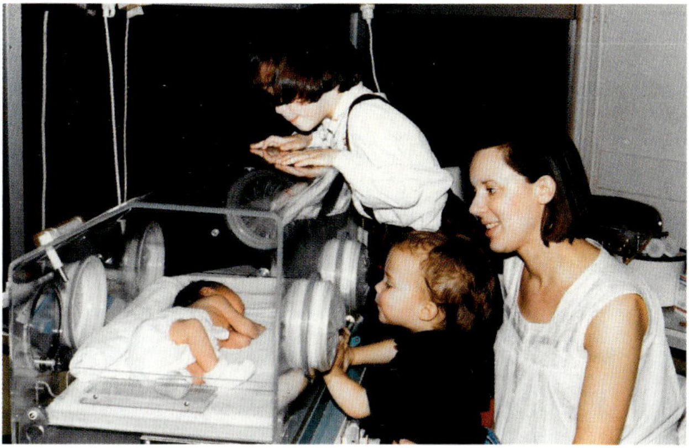

2,4 kilos. C'est mon poids de bébé prématuré.
Dans la couveuse, je ressemble à une petite crevette, mais ma mère me surnomme « Libellule ».

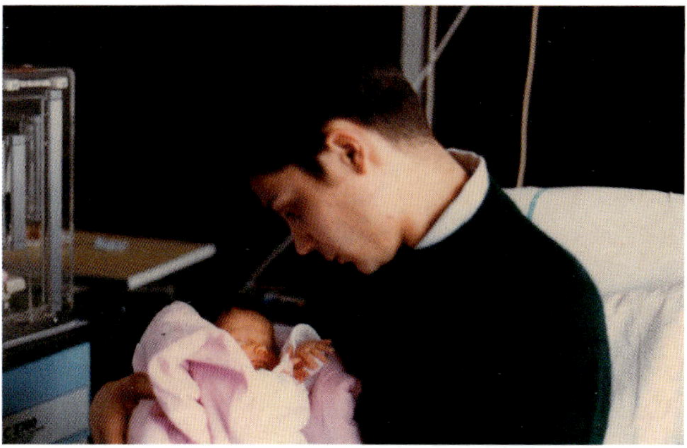

Dans les bras de mon père à la maternité de Lille.

Le soleil du Nord me réchauffe.

La joie de voir le monde à la hauteur de papa !

L'amour fraternel dans les champs et tous les souvenirs que nous en avons retirés.

Chaque jour, la nature m'apporte son lot d'étonnement et de découvertes.

Le cœur de mon quotidien : ma mère, Cassandre, Baptiste et ma grand-mère.

Cassandre, Baptiste et moi étions des enfants très minces, mes grands-parents maternels nous appelaient « cuisses de mouche ». Ils le disaient avec beaucoup d'affection.

Me voici avec ma grand-mère maternelle, Claudie. À peine retraitée, elle s'est engagée comme bénévole dans un centre social. Elle y a donné des cours de couture pendant seize ans.

Mes premières chorégraphies avant *DALS* et l'Oiseau Paradis. J'ai fait du chemin depuis !

Je pose fièrement dans
la robe confectionnée
par ma grand-mère en triple
vitesse avec des rideaux
pour le bal de promo.

Il y a un an, avec mes amies de la fac Lucie et Marine.

Lors d'une élection dans
le Nord-Pas-de-Calais avec
ma première robe de soirée.
Je l'ai toujours gardée un peu
comme un talisman.

Les copines de la Revue Dentaire ! Ma première troupe avant celle du Paradis Latin.

Camille Cerf, ma blonde à moi.

Au bras de ma chère Camille
lors de mon élection
de Miss Nord-Pas-de-Calais.

L'un des nombreux shootings après mon couronnement
Miss Nord-Pas-de-Calais, par William Cerf,
mon maquilleur fétiche et photographe à ses heures.

Mon couronnement Miss France à Lille.

J'adore cette photo prise par Julien Vallon, naturelle, la regard direct, je sens mon âme de battante.

William, le sauveur de mes élections
et mon partenaire en toute occasion !

Christopher, mon manager hors pair.

Mes voyages en tant que Miss France sur la Grande Muraille de Chine ou le long des canaux vénitiens m'ont éblouie, j'y ai découvert mes envies d'ailleurs... avant New-York et la tornade Miss Univers.

Depuis Miss Univers les rares moments avec ma maman sont pourtant les meilleurs.

Le départ pour les Philippines, la complicité avec certaines candidates... des moments exceptionnels que je n'oublierai jamais.

Le fameux maillot pour lequel je me suis battue, à raison !

En costume de danseuse du Moulin Rouge,
superbe pièce du cancan à la française.
C'est grâce à lui que j'ai conquis
le cœur du jury américain.

Chaque sortie avec les candidates à l'élection Miss Univers est un mini concours en soi. Être immanquable est l'une des missions principales.

Après ma victoire au titre de Miss Univers, je découvre New York avec ma coloc Deshauna.

Miss Univers, c'est un moment incroyable de voyages, de rencontres et d'apprentissage.

L'une des photos de ma première campagne Morgan en tant qu'égérie.

Ma première rencontre avec Line Renaud.

Anthony et moi lors de notre première danse sur le plateau de *DALS* !

Le salut final du *Fashion Freak Show* plein d'émotions aux côtés de Jean-Paul Gaultier.

Ma rencontre avec Kamel Ouali et Walter Butler, propriétaire du Paradis Latin. Grâce à eux, une nouvelle page de ma carrière s'ouvre à moi.

Photo officielle du Paradis Latin par le célèbre Alix Malka, photographe de Céline Dion ou de Christina Aguilera, entre autres !

c'est vraiment une course d'endurance. On se lève à 6 h 30 tous les matins, on se couche à minuit... Alors, elle m'a donné ses codes d'accès pour que je puisse poster ses photos et des commentaires pendant quelques jours. Je la connaissais tellement bien que ça m'était assez facile et naturel.

Camille Cerf

Petit à petit, mon écharpe devient plus forte. Je grappille des places dans le classement des *bookmakers*. Jusqu'au président du comité Miss Venezuela qui me place en deuxième position, derrière sa Miss nationale. Cela amplifie le vent de panique qui s'empare des favorites, qui commencent à me regarder d'un drôle d'œil. Un œil un peu inquiet, un peu noir aussi, qui semble dire : « On ne l'a pas vue venir, celle-là ! » Cet esprit de compétition me donne de la force, d'autant que je me bats à la loyale, sans chercher à nuire. Ma foi grandit, et je me sens de plus en plus légitime à vouloir la couronne. On dit souvent que la confiance en soi est un muscle, qu'il faut le travailler pour en tirer de la force. Cette image est très juste. Je m'efforce chaque jour de muscler mon mental pour rester dans la course, et me rapprocher de mon rêve. Pourtant, la compétition est rude et tous les coups sont permis ! Comme chercher à obtenir mon code d'accès Facebook pour pouvoir diffuser des vidéos depuis mon compte... ou mettre du chewing-gum sur ma chaise.

LA MAGIE DU MOULIN ROUGE

À quelques jours de l'élection, je fais partie du top 5 dans les pronostics de plusieurs magazines. En France, Sylvie, Christopher, William et toute l'équipe s'emballent.

Certains clament qu'« on va faire une Miss Univers ! », d'autres « une première dauphine », je les sens surexcités. Seule Célia, membre de l'organisation Miss France qui a essuyé de nombreuses déceptions au fil des ans, leur dit de ne pas me donner de fausses espérances. Les voir aussi enthousiastes me fait beaucoup de bien, mais cela me met aussi une énorme pression. Et si je ne suis même pas dans les treize premières ?

Le 25 janvier – jour de mon anniversaire ! –, je passe l'épreuve de l'oral, terriblement stressante. C'est la première fois que nous sommes confrontées aux membres du jury, et la pression est grande. L'enjeu aussi, car c'est cet oral, avec le *preliminary show*, qui déterminera en partie le choix des treize candidates sélectionnées. Nous passons alternativement devant deux jurys de quatre personnalités. J'ai quelques minutes pour répondre aux questions du premier jury, puis, au son de la cloche, j'échange avec la candidate qui est devant le second jury (Miss Germany). C'est très déstabilisant. À moi, on demande ce que j'ai ressenti en sautant en parachute, pourquoi j'ai participé à Fort Boyard, comment j'ai réussi à toucher des araignées, et ce que je pense d'Emmanuel Macron, en pleine campagne présidentielle… Pour ce genre de question, je conseille de ne pas faire de réponse fermée ou trop tranchée, et de rester le plus diplomate possible.

Quatre jours plus tard, le *preliminary show* a lieu juste avant l'élection, devant une salle comble et un jury de personnalités. L'enjeu : gagner sa place parmi les finalistes. Cette soirée est diffusée en direct à la télévision et sur Internet, et le public peut voter en ligne. Nous défilons par ordre alphabétique, très rapidement, en maillot de bain, en robe de soirée, puis en costume national. Le mien ? Un magnifique costume prêté par le Moulin Rouge. Avec ses plumes rouges et les dessous en strass, il fait sensation ! Quand j'arrive sur scène, j'entends le public hurler, je vois des regards et des sourires incroyables, alors je pense à ce que nous a dit Lu : je me fais plaisir ! Je regarde les jurés, je leur fais un clin d'œil, je secoue un peu les épaules… Et le charme opère.

Le lendemain matin, victoire : des journalistes m'attendent pour des interviews (j'aurai attendu deux semaines !). Les questions fusent : « Est-ce un vrai costume du Moulin Rouge ? », « Était-ce une vraie chorégraphie du cabaret ? », « Est-ce que des danseuses l'ont porté avant vous ? », « Pourquoi ce choix ? »… Entre deux réponses, je les entends dire : « Elle est incroyable, elle va gagner », et je sens mon cœur battre plus fort… Je sais que ma mère, Sylvie, William, Arnaud, Célia et Christopher sont arrivés à Manille, qu'ils sont à mes côtés. Eux aussi ont suivi la soirée, et ils m'ont déjà envoyé 150 messages survoltés ! La tension monte…

La veille de l'élection, nous sommes toutes dans un état second. Beaucoup de choses se sont jouées sur le *preliminary show*, nous sommes fatiguées, pressées de savoir les résultats. La soirée est à l'heure américaine, soit à 8 heures du matin à Manille ! Réveil à 3 heures. Départ en bus à 4 heures. C'est le moment d'engager toutes les forces qu'il nous reste.

> *La première fois que j'ai rencontré Iris, lors du concours Miss Univers, j'ai vu en elle une gagnante. Dans mes pronostics, elle avait la première place et ce, dès le départ.*
>
> *Pia Wurtzbach*

Lorsque notre bus arrive, les filles se ruent dehors. La compétition commence dès cet instant. Il y a, parmi les maquilleurs et coiffeurs, deux femmes particulièrement compétentes, et nous voulons toutes passer entre leurs mains. Je cours pour me placer dans une file et défendre chèrement ma place. Miss Ecuador tente de passer devant moi, je refuse de la laisser faire. Elle se met en colère, prétend que ce sont toujours les mêmes qui passent devant, mais je tiens bon. Je ne lâche rien. Si bien qu'au bout du compte, je serai coiffée et maquillée par les personnes sur lesquelles je comptais.

Tandis qu'on se prépare, une séance de dédicaces s'improvise dans la loge de Pia. Quand vient mon tour, Esther, sa manageuse, fait sortir tout le monde. Pia me demande alors si je compte parler anglais quand on m'interrogera. Ce n'est pas une question mais un conseil, alors j'acquiesce. Pia insiste : « Tu *dois* le faire pour montrer que tu pourras répondre aux interviews ensuite. Il faut rassurer l'organisation. » Et elle ajoute : « *I have a strong feeling.* » Depuis le début, elle sent que je vais gagner. Je sors de la loge un peu interdite, très touchée et fière. Même si je perds, j'aurai été pendant quelques heures à deux doigts d'être Miss Univers !

J'ai l'impression qu'avant chaque élection, quelqu'un d'important a l'intuition que je vais gagner et me l'exprime ; comme la mère de Camille lorsque je n'étais encore que Miss Flandre, ou encore comme cette ancienne Miss Univers qui, en me voyant arriver lors du *preliminary show*, s'est exclamé « On a une gagnante ! » Ces prophéties me donnent de la force et du courage sur le moment, mais sur un plan plus profond, elles m'inspirent, et renforcent mon sentiment intime que nous avons tous un destin à accomplir.

Le début du show va bientôt commencer, et le stress monte à chaque minute… Il y a 20 000 personnes présentes dans le public, et beaucoup brandissent des drapeaux aux couleurs de leur pays. Aux Philippines, l'élection de Miss Univers est un événement très populaire et extrêmement suivi. Ce jour là, les gens sont tous devant leur téléviseur, en train de regarder l'émission. Une forte pression pèse sur l'organisation et sur les candidates, mais aussi une certaine ivresse, le sentiment de pouvoir faire une différence dans la vie de milliers de personnes.

Quand le show démarre, il est 1 heure du matin en France. Des dizaines de millions de téléspectateurs à travers le monde sont devant leur écran, et c'est Steve Harvey, présentateur vedette américain, qui est aux commandes de la soirée. Je suis alors dans les coulisses, juchée sur mes 14 centimètres de talons, le cœur battant à tout rompre, et je me demande encore si je vais réussir à tourner sur moi-même. Mon stress est maximal, mais je m'efforce de respirer profondément et de me concentrer sur l'étape qui arrive.

Au moment du premier passage, je prends mon courage à deux mains et m'élance sur la piste avec les autres filles. Nous défilons d'un pas très rapide, alors que le rappeur américain Flo Rida est sur scène avec ses danseurs. Miss Univers est un show à l'américaine : très rythmé, haletant. Je n'ai pas une seconde pour réfléchir à ce qui est en train de se passer – et heureusement ! À la fin de la deuxième chanson, nous sommes toutes en place, dans de magnifiques robes, pour accueillir Steve Harvey puis Pia. Steve commence alors à appeler les treize finalistes sélectionnées la veille.

Je cesse de respirer pendant que les premières candidates appelées s'avancent. À chaque Miss citée, mon angoisse monte d'un cran. Certaines ne figuraient pas du tout dans les pronostics, et la panique commence à me gagner. Et si je m'étais trompée du tout au tout ? Et si ma performance au *preliminary show* n'avait marqué personne ? Non, ce n'est pas possible, je ne peux pas perdre dès maintenant ! Il ne reste plus que trois candidates à appeler et il y a encore cinq favorites dans la course : Miss Venezuela, Miss Thailand et Miss Argentina… Jamais on ne me choisira à leur place. Je suis au bord du désespoir…

Mais en onzième, c'est mon nom qui est appelé ! Un immense soulagement m'envahit, et je m'avance, sourire aux lèvres, pour répondre à une première question. Steve Harvey me demande quel est le plat que j'aime tout particulièrement cuisiner. Une aubaine pour une Française ! Je lui parle du bœuf bourguignon et de ma recette, que je l'invite à venir goûter. Il en plaisante, me dit qu'il est marié, et la salle rit de bon cœur. Tout y est. La gourmandise, le jeu de la séduction, l'humour !

Les treize désignées défilent ensuite en maillot de bain. Le mien, si chèrement gagné, fait sensation ! Après le défilé, Steve demande aux jurés quelle candidate a leur préférence. Ils citent parfois différents pays, mais tous, sans exception, disent « France » ! À ce moment, un immense espoir m'envahit, je me dis que je peux peut-être faire partie des finalistes ! Pendant que Steve s'avance pour annoncer les neuf sélectionnées, je retiens mon souffle, le suspense est insoutenable… jusqu'à ce qu'il m'appelle ! Je suis survoltée, je n'arrive pas à y croire ! Ce maillot de bain m'a décidément porté chance.

Un film sur chacune d'entre nous est diffusé au public, et je prie pour que le charme de la Ville lumière opère. Nous poursuivons le show en défilant en robes de soirée ; la mienne, toute pailletée, épouse étroitement ma silhouette. Cette fois, je n'ai pas à subir les affres de l'attente : je suis la première des six finalistes appelées ! À ce stade, je commence à me dire que je peux aller jusqu'au bout. Je vais donc devoir répondre à une question de politique internationale. Un étape assez terrifiante et très attendue, car les thèmes sont parfois piégeux…

Difficile de répondre à une question de cette ampleur en trente secondes, sans avoir eu le temps d'y réfléchir ! Néanmoins, je fais de mon mieux pour fournir une réponse cohérente, claire, et éviter la polémique. L'enjeu est bien sûr de montrer qu'on peut s'exprimer de façon intelligible sur des sujets de société, dans un esprit ouvert et pacifique, et qu'on a du répondant. Je pense ne pas trop mal m'en sortir…

Nos réponses sont déterminantes pour les jurés, car certains ne sont pas encore sûrs de leur choix. Nous remontons toutes les six sur scène pour la désignation des trois finalistes. Ce moment est un vrai supplice, même si je m'efforce de sourire tout du long. Steve Harvey a le chic pour ménager un suspense qui ravit les spectateurs, mais s'avère très éprouvant pour nous ! Il appelle en premier Miss Colombia, puis… France ! Je suis tellement heureuse que je réalise à peine ce qui m'arrive. Je me retrouve entre Colombia et Haiti, deux candidates que je connais très bien. Deux femmes magnifiques, méritantes, qui ont parfois vécu des choses difficiles. Miss Haiti, par exemple, a failli mourir dans le tremblement de terre qui a frappé son île, en 2010. En comparaison, ma vie paraît sans histoires. C'est ce que je me dis, là, devant le public, alors que nous nous tenons la main toutes les trois. Le stress prend le dessus. Il me serre la gorge et fait trembler mes jambes.

Pourtant, je dois garder la tête froide car il reste une dernière question, la même pour les trois candidates. On nous met un casque sur les oreilles pour qu'on ne l'entende pas avant notre tour. « Pouvez-vous citer une chose que vous avez ratée dans votre vie et ce que vous en avez tiré, ensuite ? » Réfléchissant à toute vitesse, je réponds, sans remarquer que mon traducteur déforme mes propos…

Ce que j'ai dit :

J'ai cru échouer pendant ma première année de médecine parce qu'au départ, je n'étais pas sur la liste. L'après-midi même, j'ai été m'acheter un nouveau livre de médecine. Je pense que, quand on échoue, il faut continuer, il faut se relever, et je pense qu'on est toutes capables de le faire. Si demain je ne gagne pas, ce n'est pas pour autant que demain je n'aurai pas le sourire, parce que je fais partie des trois finalistes. J'ai beaucoup appris quand j'ai cru échouer, et heureusement pour moi, finalement, j'ai eu ma première année de médecine.

Ce qu'a dit mon interprète :

J'ai cru échouer la première fois que je me suis présentée à un casting parce que mon nom n'était pas sur la liste. Le jour suivant, j'ai découvert que j'étais publiée dans un livre. Je pense que, quand on échoue, il faut prendre de la hauteur, essayer encore, et avancer. Si demain je ne gagne pas, j'aurai tout de même eu le grand honneur de faire partie des trois finalistes. Donc même si j'ai connu des échecs, c'est pour moi la première grande opportunité.

Cela aurait pu me coûter ma place, mais heureusement, je suis trop absorbée pour m'en rendre compte. J'apprendrai plus tard le déferlement que cette erreur a provoqué sur les réseaux sociaux : les Français s'indignent de cette traduction, et les autres me trouvent sans doute superficielle. Après cet épisode, je n'ai plus jamais revu le fameux traducteur. Il a sans doute eu un peu honte et a préféré s'éclipser…

L'année précédente, le présentateur avait commis une erreur incroyable en citant la première dauphine à la place de la gagnante. Miss Colombia a donc été couronnée par erreur, avant de devoir céder la place à Miss Philippines (Pia). Heureusement, il n'a pas fait deux fois de suite la même gaffe !

THE 65TH MISS UNIVERSE IS...

Au fond de moi, j'espérais atteindre la place de première dauphine. Je ne pensais sincèrement pas gagner le titre. Quand Steve Harvey s'apprête à annoncer la gagnante, je suis persuadée qu'il va appeler Miss Haiti. Pourtant, j'entends « ... France » ! Et c'est un véritable choc. Ça l'est pour toutes les deux, je crois, parce que Raquel (Miss Haiti) a elle aussi une expression de surprise. En quelques secondes, ma stupéfaction laisse place à une joie immense. Je suis Miss Univers ! J'ai été sélectionnée parmi quatre-vingt-six candidates ! Pourquoi ? Parce que j'ai eu le cran d'y croire. Parce que je n'ai jamais perdu espoir. Parce que ma combativité s'est affirmée au fil des épreuves. Et maintenant ? Tandis que Pia me couronne, je me demande : après la soirée, que va-t-il se passer ?

Les heures qui suivent sont impossibles à décrire. Je suis prise dans le tourbillon d'émotions contrastées des filles, qui se pressent autour de moi pour me féliciter. Je vois Raquel et Andrea, je ressens leur déception, mais en même temps mon cœur déborde de joie. L'instant d'après, je ne peux déjà plus y penser, car il faut que j'avance sur la scène, que je prenne la parole, que je vienne poser. Avec les membres du jury, le présentateur, les sponsors de la soirée… On me fait monter dans une voiture, avec un garde du corps, un cameraman et Paula, la présidente de l'organisation Miss Univers. Avec nous, il y a aussi Esther, qui est désormais ma manageuse. Dehors, il fait grand jour : nous sommes le 30 janvier 2017, il est 11 heures du matin et je suis la nouvelle Miss Univers. Je suis complètement déboussolée.

Pendant le trajet, Paula et Esther me donnent des tas de consignes en anglais dont je ne saisis que des bribes. Elles vont vite, nous n'avons que dix minutes pour préparer la conférence de presse. Je comprends que je dois éviter à tout prix de répondre aux questions sur la politique américaine et sur le président Trump (le contrecoup de la prise de position de Miss Kenya, sans doute). Très vite, nous arrivons dans une salle bondée. Je m'assieds face à une centaine de journalistes. Des photographes et des caméras partout. Et je n'ai pas de traducteur, il a disparu…

Iris a été élue Miss Univers parce qu'elle avait tout pour elle. Toutes les candidates sont belles, mais le plus important, pour gagner, est d'avoir du cœur. Iris était prête, elle l'a prouvé par la suite. Toutes les filles ne sont pas capables de tenir ce titre avec détermination et élégance, comme elle l'a fait.

Pia Wurtzbach

Après une heure de questions où je peine un peu, je peux enfin rentrer à l'hôtel. Épuisée. Mes nerfs lâchent pour la première fois depuis des semaines. À ce moment précis, j'ai juste envie de m'allonger et de dormir. Mais, dans ma chambre, j'ai le plaisir de retrouver ma mère, Sylvie, William, Arnaud, Christopher et Célia. Tous se jettent sur moi les uns après les autres, m'embrassent, crient et posent cinquante questions à la minute. « Alors, comment tu te sens ? Et ça fait quoi ? Et t'y croyais ? On peut toucher ta couronne ? Tu en as une ou deux ? Et ton écharpe ? Et quand est-ce que tu pars ? Et on peut faire une photo ? Ah, attends, elle est floue, il faut la refaire ! »... J'essaie de leur répondre, mais j'ai du mal à tenir. Ma vie vient à nouveau de basculer, et j'ai désespérément besoin de repos.

Sylvie est aux anges. Elle vit sa première « Miss Univers » française, l'aboutissement de plusieurs années d'investissement et de tentatives. Ma mère, au contraire, est assise sur mon lit et pleure, comme si j'étais atteinte d'une maladie incurable. J'essaie de la rassurer, je sais qu'elle a peur de me perdre, une fois de plus. Je lui assure que ça va aller, qu'on va se voir, qu'on s'appellera, qu'avec Skype, maintenant, c'est plus facile... mais la vérité, c'est que je n'en sais rien. Je suis presque aussi inquiète qu'elle. La seule chose que je sais, c'est que je prends demain un avion pour New York. Là-bas, une nouvelle vie m'attend...

Nous étions à Manille pour la victoire d'Iris, j'y suis resté quelques jours et c'était très impressionnant de la voir à la une de toute la presse locale... Aux Philippines, le concours de Miss Univers est une vraie institution, le simple fait d'être français nous permettait de recevoir des centaines de félicitations des Philippins sans savoir que nous étions des proches d'Iris. La France, le Moulin Rouge, le bœuf bourguignon et le sourire d'Iris ont totalement fait succomber les Philippines et une bonne partie de l'Asie...

Christopher Davin

Mes conseils

Kit de survie en avion

En tant que Miss France puis Miss Univers, j'ai beaucoup voyagé à travers le monde. Et qui dit voyage, dit avion ! Au fil des kilomètres parcourus, j'ai découvert des astuces bien pratiques pour que les heures passées en vol ne se remarquent pas trop à l'arrivée.

Avant le voyage

– S'enduire d'une lotion hydratante ou d'une huile pour le corps
– Ne pas manger d'aliments qui peuvent fermenter (notamment les fruits), sinon ventre gonflé assuré à l'arrivée
– Choisir des vêtements amples et confortables

À mettre dans votre sac

– Une bouteille d'eau plate avec du citron ou de l'eau de coco : l'hydratation est très importante, surtout à plusieurs milliers de mètres d'altitude. L'eau de coco est très riche en minéraux et a un petit goût de vacances
– Du baume à lèvres
– Une tenue pour l'arrivée
– Une crème visage de nuit ou un masque en tissu hydratant pour le visage
– Un masque de sommeil : il faut dormir le plus possible
– Des bouchons d'oreille
– Une petite trousse de maquillage (pour se refaire une beauté avant l'atterrissage)

Pendant le vol

– Dormir le plus possible
– Boire de l'eau
– Se lever, marcher, s'étirer : bref, bouger !

NEW YORK, ME VOICI !

Dès le lendemain, je prends l'avion pour New York. Douze fuseaux horaires me séparent de ma nouvelle ville. Je me sens à la fois perdue et très excitée par l'aventure. Au bout de vingt heures de voyage, je découvre Manhattan à travers le hublot, de nuit. Tout est illuminé, démesuré, irréel, et ce survol a quelque chose de féerique. C'est la première fois que je mets un pied aux États-Unis et, en cette occasion, New York incarne vraiment pour moi le rêve américain. En sortant de l'avion, la morsure du vent me rappelle que nous sommes en plein cœur de l'hiver. Une dizaine de paparazzis m'attendent, ce qui donne le ton de cette année où chacun de mes déplacements sera scruté et photographié. Il doit faire trente degrés de moins qu'aux Philippines, et la ville est recouverte de neige. Je réalise alors que je n'ai que mes robes d'été prévues pour Manille…

Plus d'un an après l'élection de Miss France, je débarque dans un appartement en plein Manhattan, dans une ville où je ne connais personne, un pays dont je ne maîtrise pas encore parfaitement la langue, le tout sans bagages adaptés… Un véritable saut dans le vide.

Je vais partager cet appartement avec deux *room mates* : Deshauna Barber, la Miss USA en titre, et Brooke, notre intendante. Je connais déjà Deshauna pour l'avoir rencontrée lors de l'élection de Miss Univers. Nous nous entendons très bien, mais nous ferons peu de choses ensemble. En mai, c'est Kára McCullough, la nouvelle tenante du titre, qui la remplace – j'ai la chance d'assister à son élection, à Las Vegas. D'emblée, nous nous apprécions beaucoup. Elle parle énormément, avec un entrain typiquement américain, s'enthousiasmant à tout propos ! Nous avons ensemble de longues discussions, et c'est pour elle que je fais la cuisine, de temps en temps. Je prépare souvent du poulet, et elle s'amuse alors à m'imiter dans un français approximatif : « Y a du poulet ! »

À deux pas de Central Park, notre appartement de 150 mètres carrés est une merveille, c'est un immense privilège de pouvoir y vivre toute une année. Pouvoir confier à d'autres les tâches ménagères et administratives en est un autre. Deux femmes de ménage s'occupent de notre appartement, ainsi que de notre linge. En moins de trois heures, il nous revient lavé et repassé : un bonheur ! Pour les courses, il nous suffit de faire une liste, de la mettre sur le réfrigérateur, et Brooke se charge de passer commande. C'est elle qui veille à rendre cet endroit agréable et chaleureux, et qui trouve des solutions à tous nos petits tracas. Nous avons aussi notre coach sportif à deux pas de chez nous ; et tant mieux, car on va le voir souvent. Les bureaux de Miss Univers, quant à eux, se trouvent juste en face de notre appartement. Chaque matin, je traverse la rue pour découvrir le planning du jour et retrouver Esther, ma manageuse.

Je m'habitue très vite à la vie new-yorkaise – une fois les grands froids passés. La ville est réellement magnifique, l'ambiance, exaltante. Tout est immense : les rues, les buildings, les enseignes lumineuses, les mugs de café et les hamburgers. Tout est vaste, aussi. Les rues et les trottoirs sont larges, il y a de l'espace, des parcs. On respire. Je ne m'y suis jamais sentie confinée. Au contraire, je trouve qu'on éprouve une sensation d'ouverture et d'horizon. Partout, je retrouve ce qui, pour une Française, symbolise les États-Unis : les taxis jaunes, les cactus, l'imagerie du casino ou des jukebox des sixties…

Pour découvrir la ville, je marche énormément. Je monte au sommet de l'Empire State Building, visite l'Observatoire du One World Trade Center et arpente le mythique

Ma petite recette

Le Crab Cake à ma façon

J'adore préparer ce plat. C'est très simple à faire et délicieux…

Ingrédients :

- 2 boîtes de chair de crabe ou, mieux, de la chair de crabe fraîche
- 200 g de pommes de terre cuites à la vapeur (ou à l'eau)
- 2 oignons (ou échalotes, c'est encore meilleur)
- ½ botte de persil
- 1 citron
- 1 œuf
- de la chapelure
- un peu de farine

- Dans un saladier, mélangez les oignons coupés en petits morceaux, les pommes de terre écrasées et la chair de crabe.
- Ajoutez ensuite le persil haché, le sel, le poivre et le jus d'un demi-citron.
- Préparez une assiette où vous aurez battu l'œuf, une autre où vous aurez mélangé de la chapelure et un peu de farine.
- Faites des galettes de votre préparation, trempez-les dans l'œuf puis dans la chapelure et faites cuire à la poêle bien chaude, des deux côtés.
- Servez avec une salade colorée de dés de tomates et d'olives, et régalez-vous !

pont de Brooklyn… Parfois, je vais courir ou me détendre à Central Park, mais j'aime aussi beaucoup le calme de Bryant Park, dans le quartier des affaires. J'expérimente, je découvre, je profite de cette intense vie new-yorkaise dont j'apprécie chaque jour les ingrédients typiques : la vie en colocation (comme dans *Friends*), le sport intégré dans le planning, les journées dédiées aux œuvres caritatives, le croissant acheté à la *so chic* boulangerie française (2,40 $ le croissant !), les restaurants italiens, les citrouilles pour Halloween, les faux cils, les brushings vaporeux et, bien sûr, la folie du shopping.

C'est surtout avec Kára que je vais découvrir la ville, en particulier les restaurants. Je fais connaissance avec les hamburgers géants, proposés à toutes les sauces, les frites à la truffe, au fromage, au bacon… Je tombe amoureuse des *lobster rolls* et de l'*avocado toast.* Tout ce que l'on mange est au format XXL. Heureusement, pour compenser, il y a aussi beaucoup d'endroits *healthy* à New York : des bars à salade où tout est préparé devant vous, et où l'on boit des jus de fruits et des smoothies divins. Mais la plus grande découverte pour moi, ça reste les Reese's. Honnêtement, ce que j'ai le plus aimé manger, ce sont ces petites merveilles en chocolat fourrées au beurre de cacahuète. Cette véritable institution américaine se décline en billes, en pépites, en barres, en feuilletés, en céréales, en glaces et autres fondants : je n'ai jamais réussi à en faire le tour !

Quand on découvre New York, inutile d'espérer suivre un régime, on s'exposerait à beaucoup trop de frustrations et de difficultés, car les portions américaines sont bien plus volumineuses que les nôtres. Mieux vaut veiller à la qualité plutôt qu'essayer de contrôler la quantité. Pour se sentir bien dans son corps et bien dans sa tête, il faut surtout faire attention à la nature de son alimentation. Car si vous mettez un carburant de mauvaise qualité dans la machine, le moteur va finir par s'encrasser. Il est essentiel d'être bienveillant envers soi-même. Inutile de vous flageller et de vous culpabiliser à chaque écart… Ma règle d'or : préserver sa santé, mais savoir aussi s'accorder des moments de relâche !

Aux États-Unis, l'art de l'enrobage n'est pas réservé aux chocolats. On enrobe aussi beaucoup ses propos de mots gentils. Un petit « *You are wonderful* », un « *It's amazing* », et tout passe mieux.

Au début, j'ai beaucoup de mal à me faire à cette habitude. Je cherche à être directe, efficace et j'envoie des SMS un peu lapidaires. En face, l'organisation de Miss Univers me trouve parfois sèche, et se demande si je me suis levée du mauvais pied. J'apprends à être plus ronde, moins brutale. À ne plus dire : « Ces chaussures me font mal aux pieds, je ne peux pas les mettre », mais : « Ces chaussures sont superbes, je les adore, mais elles me font mal. Y en aurait-il d'autres ? ». À remplacer : « Non, je n'ai pas envie de sortir » par : « Cette soirée a l'air incroyable, mais je ne peux pas, malheureusement. »

Ces 90 jeunes femmes du monde entier offrent une grande variété de beautés. Mais certaines se démarquent. Iris avait quelque chose qui vous donnait envie de garder un œil sur elle, et de mieux la connaître. Elle incarnait parfaitement notre devise : "Confidently Beautiful". Toutes les Miss élues gagnent pour une raison. Le sourire d'Iris est contagieux, et grâce à sa personnalité drôle, sympathique et pleine de fantaisie, elle se classe parmi les gagnantes qu'on oublie pas.

Esther Swan

Aujourd'hui, je m'efforce d'être ouverte, souriante, de mettre les formes pour m'adresser aux gens, même si, quand il le faut, je sais aussi « rester française » et taper du poing sur la table. J'essaie de prendre ce qu'il y a de mieux dans les deux cultures. Sur le plan professionnel, j'adopte l'attitude américaine, qui est plus fructueuse, car si ma première impression est réussie, on a davantage envie de me rappeler, de passer à nouveau du temps avec moi. Quand on veille à rester positif – même s'il faut se forcer un peu au début –, on finit par le devenir naturellement, et ça a un impact sur tous les domaines de notre vie. Le positif attire le positif !

Bien sûr, les compliments et les mots encourageants ne garantissent pas une sincérité absolue ; d'ailleurs, les Américains ne sont pas dupes. J'ai vu des gens qui se détestaient se prendre dans les bras et se féliciter mutuellement. Ce genre d'ambivalence se retrouve dans plusieurs aspects de la culture américaine. Les Américains font du sport entre 6 heures et 7 heures du matin, mais mangent ensuite des burgers XXL. Ils sont très organisés et stricts au travail, mais ils s'y rendent en short et en baskets. Les écarts de richesse entre les gens sont considérables, mais tout le monde va chercher ses repas dans la rue.

DU SPORT AU QUOTIDIEN

Ce sur quoi ils s'entendent, quel que soit le statut social, c'est sur la place accordée au sport. Elle est primordiale, car le sport est perçu à la fois comme nécessaire au corps et profitable à la santé mentale. C'est une détente de l'esprit, il libère quantité d'endorphines qui provoquent bien-être et relaxation. Chaque jour, j'ai un créneau réservé dans mon planning pour faire de l'exercice, que ce soit très tôt le matin ou très tard le soir. Au début, cette contrainte me révolte, car j'aimerais profiter de chaque moment de repos, mes journées étant déjà très chargées. Mais, à la longue, j'en ressens les bienfaits : le sport devient nécessaire à mon équilibre physique et mental. Mon corps fait partie de mes outils de travail : je dois l'entretenir et en prendre soin. Et, lorsqu'il s'affermit et fait des progrès grâce aux efforts consentis, ma satisfaction est d'autant plus grande !

Se donner une discipline, c'est être le disciple de soi-même. Au jour le jour, il est très difficile de s'imposer une séance de sport spontanément. Alors la semaine qui précède, prenez votre planning et bloquez deux, trois, voire quatre, créneaux consacrés uniquement au sport. Prévenez vos amis, votre coach ou votre salle de sport pour ne pas vous défiler au dernier moment. Vous avez à présent un engagement à tenir, et vous vous en remercierez plus tard.

PLUS LIBRE, PLUS AFFIRMÉE

Étonnamment, ou peut-être parce que j'avais un an de plus, je me suis sentie plus libre et naturelle en tant que Miss Univers. D'abord parce que je ne suis plus le symbole d'un pays, même si je reste française. En tant que Miss France, je sentais peser sur moi des devoirs d'ambassadrice, des attentes cadrant avec l'idée que les gens se font du bon goût à la française. À présent, je représente l'institution Miss Univers, un organisme de poids mais qui n'est la vitrine d'aucun pays en particulier.

De plus, dès que je sors dans la rue ou assiste à un événement, je suis toujours « *fantastic* », « *wonderful* » : on aime mes chaussures, mon accent français, ma blague un peu nulle... Les Américains ont cet art de vous mettre à l'aise avec trois mots enthousiastes. Aux États-Unis, les codes de la bienséance sont très différents des nôtres ; les interviews, beaucoup moins formelles. Je suis souvent

Mon programme quotidien

Pour rester en forme et être bien dans son corps et dans sa tête, le sport est essentiel. Voici quelques exercices à pratiquer chaque jour.

Abdominaux – série d'exercices à faire deux fois

1. Crunch inversé (x 40)

Allongez-vous sur le dos, jambes pliées et pieds à environ 50 cm des fesses. Décollez les épaules du sol pour solliciter vos abdominaux inférieurs, puis ramenez les jambes jointes vers la poitrine, en soulevant les fesses mais sans tendre les jambes.

2. Chandelle (x 40)

Allongez-vous sur le dos, épaules décollées du sol, puis levez vos jambes jointes le plus haut possible, comme si vous vouliez pousser le ciel, jusqu'à ce que votre bassin ne touche plus le sol.

Récupération : 15 secondes

3. Élévation des jambes en 4 temps (x 40)

Allongez-vous sur le dos et levez les jambes à quelques centimètres du sol. Levez une première jambe jusqu'à former un angle droit avec le ventre, levez la deuxième jambe de la même façon. Baissez la première jambe en contractant l'abdomen, sans aller jusqu'à poser la jambe sur le sol, puis faites de même avec l'autre jambe.

4. Battements de jambes (x 40)

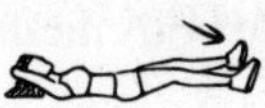

Allongez-vous sur le sol, épaules décollées, et faites de petits battements de jambes (comme si vous nagiez avec des palmes) sans reposer les jambes au sol.

5. **Crunch alterné (x 40)**

Allongez-vous, jambes pliées et pieds à environ 50 cm des fesses. Croisez vos mains derrière la tête, soulevez les épaules puis, avec les coudes, touchez les genoux opposés, en alternance, sans décoller les pieds du sol.

Récupération : 30 secondes

Fessiers – série d'exercices à faire deux fois

1. **Extension hanche genou plié (série 1 : 10 pour chaque jambe ; série 2 : 15)**

Installez-vous à quatre pattes en prenant appui sur les avant-bras, tibias contre le sol. Levez le pied droit, en gardant le genou plié à angle droit, jusqu'à ce que la cuisse soit dans le prolongement du ventre, puis redescendez la jambe sans poser le genou au sol. Répétez le mouvement, puis passez à l'autre jambe.

2. **Le pont (série 1 : 15 ; série 2 : 20)**

Allongez-vous sur le dos, jambes pliées et pieds à environ 50 cm des fesses. Contractez vos fessiers pour soulever le bassin vers le haut, jusqu'à ce que le ventre et les cuisses forment une ligne droite.

3. **Fentes avant (série 1 : 8 pour chaque jambe ; série 2 : 12)**

En position debout, bras pliés et mains sur la taille, jambes écartées de la largeur des épaules. Avancez le premier pied en gardant le tronc droit et en pliant le genou jusqu'à former un angle droit. Appuyez sur la jambe avant pour revenir en position de départ. Répétez le mouvement, puis passez à l'autre jambe.

interviewée dans un canapé, un peu comme à la maison. L'esprit est bon enfant, moins sérieux, moins sarcastique qu'en France. J'ai trouvé cela malgré tout difficile au début, surtout dans les émissions humoristiques où je ne comprends pas toutes les blagues en anglais…

La décontraction vestimentaire est aussi une philosophie, et je dois dire que j'y trouve mon compte. En ville, j'aime le confort de mes baskets qui me permettent de me déplacer rapidement et d'être à l'aise. Pendant l'hiver, je filais même à mes interviews en après-ski, tant le froid était vif ! Bien sûr, je me dépêchais de les enlever avant de rencontrer les journalistes. Le brushing et les ongles, en revanche, doivent toujours être impeccables.

En tant que Miss Univers, les voyages prennent une autre ampleur. Par exemple, c'est en jet privé que je me rends à Paris où je dois participer au Festival de Cannes. Nous sommes une poignée de passagers, il y a une salle de bains, des lits et un cuisinier qui nous prépare à manger. Nous embarquons sans attendre ni faire la queue, et je peux même me démaquiller pour dormir sans craindre d'être brocardée par un passager.

Pendant cette année de règne, je suis envoyée aux quatre coins de la planète, parfois pour un temps très court – lorsque j'ai dû me rendre à Jakarta pour assister à l'élection de Miss Indonesia, je n'ai même pas eu le temps de sortir de la ville ! Pour autant, j'ai toujours la sensation d'en retirer quelque chose. D'abord, parce que, avant chaque départ, je me renseigne sur le pays où je me rends. Je m'informe du régime politique, de la situation sociale et économique, de l'actualité ou encore des spécialités culinaires – une très bonne entrée en matière pour lier connaissance ou orienter une interview !

Les voyages sont aussi l'occasion de se découvrir des affinités avec des cultures qu'on pensait très éloignées de nous. J'ai notamment cette impression lorsque je découvre l'Inde. Je me suis beaucoup retrouvée dans la mentalité des Indiens, qui intègrent la spiritualité dans leur mode de vie. Pour moi qui cultive tout un ensemble de croyances diverses, qui sont plus difficiles à assumer en Occident, je m'identifie largement à leur vision du monde. Ce genre de rencontres m'apporte beaucoup.

C'est pourquoi je recommande les voyages, pour ceux qui ont la chance de pouvoir en faire. Ils ne sont pas seulement intéressants d'un point de vue touristique, ils aident aussi à mieux se connaître, à comprendre ce qui, dans notre représentation du monde, tient à notre culture et ce qui tient à notre personnalité. Les voyages nous ouvrent à la formidable diversité de l'expérience humaine, à des façons de vivre ou de penser qui interrogent les nôtres. Ils permettent de ne pas se laisser enfermer dans un système de pensée. Quand on voyage, on devient plus tolérant, plus humain, et on apprend à vraiment porter attention aux autres.

Au cours de tous ces voyages, je reçois de très beaux cadeaux. Des bijoux, des produits de beauté, les conseils d'un styliste, la possibilité de faire un book avec un photographe très réputé... Parfois, ces attentions me dépassent, comme lors d'un événement caritatif au Mexique. En entrant dans ma chambre d'hôtel, j'ai trouvé sur le lit pas moins de quinze paires de chaussures offertes par le sponsor de la soirée ! En Indonésie, je dois même acheter une valise pour pouvoir rapporter tous les cadeaux qu'on m'a offerts. Partout où je vais, on m'offre un bibelot, une écharpe, un petit mot, un portrait de moi... Un jour, une femme m'offre une libellule en cristal en référence au surnom que me donnait ma mère. Cette attention m'a énormément touchée : par son cadeau chargé de sens, cette personne a vraiment cherché à me faire plaisir !

La palme du cadeau insolite revient à cet homme qui, lors d'un séjour en Inde, m'offre un paquet de saucisses, sûrement un cadeau de choix pour lui. Nous nous rencontrons lors de l'élection de Miss India et, au cours de notre conversation, je lui avoue que j'adore manger. Sur ce, il quitte la réception pendant près d'une heure pour aller me chercher je ne sais où ces saucisses qu'il me recommande de goûter après les avoir fait bouillir. Petit détail : le paquet était ouvert et déjà entamé. Que ce monsieur me pardonne s'il lit un jour ce livre, mais je n'ai jamais mangé ces saucisses…

LE TEMPS M'ÉCHAPPE

Comme à Paris l'année précédente, il m'est impossible d'anticiper, car je ne connais jamais le programme de ma journée à l'avance : hormis pour certains voyages, je le découvre la veille ou le matin même. Quant aux propositions de rendez-vous, elles m'arrivent au dernier moment, alors je dois me tenir prête. Mes valises sont toujours à moitié pleines, histoire de pouvoir les boucler de nouveau très vite. C'est un rythme à prendre, une façon de vivre très fragmentée, ancrée dans le présent. Une Miss vit au jour le jour.

Quand on est Miss Univers, la vie se densifie et le temps nous échappe. D'abord parce que d'autres se chargent de remplir notre agenda pour nous, ensuite parce que les jours s'enchaînent sans pauses ni week-ends pour contenir leur course. On vit en flux tendu et avec des horaires très extensibles. On se lève tôt, on se couche tard, on prend énormément l'avion et on passe son temps à s'adapter aux décalages horaires.

Miss Univers, c'est un vrai travail. De l'extérieur, les gens croient que ça se résume à être une belle femme qui reçoit sa couronne, remercie tout le monde… fin de l'histoire. Alors que ce n'est que le début. La couronne va à celle qui désire le plus ce job, parce qu'il s'accompagne de vraies responsabilités.

Pia Wurtzbach

En parallèle, je dois poster des photos ou des vidéos sur mon compte Instagram, tous les jours. Ça fait partie du job : je dois montrer où je suis, avec qui, comment je suis habillée… Je dois faire des films pour donner des conseils de coiffure ou de maquillage. Je ne peux pas lâcher mon téléphone, même pendant mes rares vacances. Quand New York m'appelle à 15 heures pour me demander une vidéo de soutien à la recherche contre le sida, il faut que je le fasse. Même si je suis en France et qu'il est 21 heures.

DES PAPARAZZIS, PUISSANCE UNIVERS

L'aspect le plus désagréable de cette année de Miss Univers, c'est que les inconvénients concernant ma vie privée ou mon image sont démultipliés. En France, je devais faire face à des flots de rumeurs incontrôlables, mais ce n'était rien en comparaison de l'intérêt médiatique qui pèse sur Miss Univers. Je vis dans la peur constante des paparazzis et des photos volées. On me prend « en chasse » quand je suis dans la rue, chez le coiffeur, et même au supermarché, devant le rayon papier toilette ! Je me sens comme un animal traqué, et il n'y a malheureusement rien que je puisse faire pour empêcher ça.

Et puis, on voit passer tellement de fausses rumeurs

sur les réseaux sociaux que je suis en permanence sur mes gardes. C'est extrêmement difficile à vivre, et je dois prendre sur moi pour ne pas me laisser trop atteindre par cette exposition de chaque instant. Imaginez-vous découvrir chaque jour dans la presse ou sur les réseaux sociaux des pans entiers de votre vie privée révélés, commentés, parfois critiqués injustement. Avoir la peur au ventre dès qu'on vous fait part d'un article qui parle de vous. Est-ce que ça ne vous rendrait pas dingues ? Parfois, c'est ma famille qui me rapporte des rumeurs lues dans des magazines, et je dois alors m'en expliquer, apaiser leurs doutes, les rassurer. Mêler mes proches à tout ça me peine beaucoup, car j'ai le sentiment de leur imposer cette situation. En accédant au statut de personnalité publique, on s'attend bien sûr à ce qu'on nous approche dans la rue, pour nous parler ou nous dire un mot gentil. Mais prendre des photos à travers les fenêtres de ma maison de famille, me traquer comme une proie, ça devient du harcèlement. Et c'est puni par la loi.

Je suis particulièrement blessée par les « scandales » qui naissent de malentendus, notamment lors d'une visite en Équateur. J'avais pris un vol particulièrement tumultueux vers Machala ; il n'y avait que quatre places à bord, et l'avion était si léger qu'il était sans cesse secoué par le vent. J'avais affreusement peur, j'en pleurais, et j'ai même fait une crise de panique. Un cauchemar. Lorsque j'ai j'atterri, j'ai caché mes larmes derrière des lunettes noires et je me suis empressée de retrouver Esther. J'étais tellement bouleversée que je n'ai pas remarquée Miss Ecuador, qui me tendait les bras pour m'accueillir. Cette arrivée a été filmée, et les gens en ont conclu que j'avais snobé la jeune femme, alors que seule l'émotion m'avait fait perdre mes repères. J'ai passé des semaines à me justifier pour mon attitude, et j'ai eu l'impression que, quoi que je puisse dire, ce ne serait jamais suffisant.

Parfois, ce rythme est épuisant. Normalement, quand on travaille beaucoup toute la semaine, on sait qu'on va pouvoir se reposer le week-end et penser à autre chose. Pour moi, il n'y a plus de week-end. La pause, c'est le soir, lorsque je me couche. Après avoir regardé une dernière fois mes mails, je goûte au calme et à la tranquillité. Je sais que, pendant quelques heures, je n'ai plus à me soucier des rendez-vous, des obligations, et je me dis parfois que c'est le meilleur moment de la journée. Pourtant, quand le réveil sonne, la première chose à laquelle je pense, c'est : ce rêve ne durera pas éternellement, alors vis-le à 200 % !

Avec mon titre de Miss Univers, j'entre dans le cercle des personnalités publiques. J'ai conscience que j'y pénètre uniquement parce que j'ai gagné un concours, et non pour un talent particulier : je ne chante pas, je ne suis pas comédienne… Il n'empêche que cela me permet de côtoyer de nombreuses personnalités du monde de la mode, du sport, de la culture. Autrement dit, des gens exceptionnels.

Sur un shooting photo, à Paris, j'ai le grand privilège de rencontrer Azzedine Alaïa, créateur de mode de génie, malheureusement décédé depuis. Au gala de l'AmfAR (American Foundation for AIDS Research), en tant que Miss Univers, j'ai croisé d'autres stars, comme les sœurs mannequins Gigi et Bella Hadid, Will Smith ou… Leonardo DiCaprio.

Quand on est gâté par la vie, il faut donner en retour, c'est ma conviction. Cela permet de rester connecté à la réalité. De ce point de vue, ma grand-mère maternelle a toujours été pour moi une source d'inspiration. Elle a une très grande force de caractère, de la détermination, malgré son histoire difficile – ou peut-être grâce à elle. Après avoir été abandonnée, ma grand-mère a été placée enfant comme bonne dans des maisons où elle était corvéable à merci.

Elle a appris très jeune la couture, et a fini par pouvoir en vivre, par être reconnue et valorisée pour son talent. Sa persévérance est impressionnante. C'est parce qu'elle a vécu une enfance difficile qu'elle donne beaucoup : quand on prend un coup, il faut se battre trois fois plus pour se relever. Et ne jamais baisser les bras.

Si ma vie ne ressemble pas à la sienne, j'essaie d'agir avec les atouts qui sont les miens. La forte exposition médiatique que nous subissons en tant que Miss est une chance, à plus forte raison en tant que Miss Univers : elle nous permet de mettre en lumière des causes qui nous tiennent à cœur. Aux États-Unis, je m'engage auprès de l'association Smile Train, qui facilite la chirurgie réparatrice pour les enfants porteurs d'une fente labio-palatine (bec-de-lièvre). J'y accompagne des dentistes et des chirurgiens, j'assiste à des opérations en direct et je vais à la rencontre des familles, à Haïti, au Mexique, au Pérou… Ce sont toujours des familles très pauvres, des enfants qui ont subi beaucoup de vexations, et des parents qui se sont énormément battus pour les sortir de là. Difficile de ne pas craquer lorsque je les écoute me raconter leur chemin de croix, et quand je vois les conditions dans lesquelles ils vivent. Quand une opération réussit, c'est une immense fierté ! Le sourire et la reconnaissance de ces familles me donnent plus que jamais le sentiment d'être utile.

Je travaille aussi pour d'autres associations, dont God's Love We Deliver, où je me rends régulièrement pour préparer des plateaux-repas aux malades dans le besoin. Et je participe au projet caritatif Sunshine qui organise des visites auprès d'enfants dans les hôpitaux. Au fil de mes activités, je côtoie des jeunes, des moins jeunes, des femmes enceintes, des cadres, et tous donnent deux, trois ou quatre heures de leur temps pour venir en aide aux moins chanceux. Dans certaines entreprises, le bénévolat est même formalisé : il y a une ou deux journées dans l'année que les salariés doivent consacrer aux œuvres de bienfaisance. C'est un bel exemple : chacun, à son échelle, est incité à venir en aide aux autres.

La vitrine glamour de cette culture de l'entraide, ce sont les galas. Beaucoup d'artistes et de personnalités publiques s'y engagent au profit de diverses causes. Et j'ai la conviction, en discutant avec eux, que c'est loin d'être une simple question de charité ou d'image. Cela procède au contraire d'une sincère volonté d'aider et d'améliorer la marche du monde. Lors des galas, les sommes récoltées sont faramineuses. Les donateurs sont avant tout des hommes et des femmes d'affaires, ou des particuliers très fortunés. Les artistes s'y rendent pour accroître la visibilité de la cause, et donner envie aux mécènes d'y participer.

Lorsque je participe au gala de l'amfAR, à Antibes, en marge du Festival de Cannes, je prends le temps d'observer Édouard, le milliardaire qui m'accompagne. À la fin de la soirée, je lui glisse : « Tu ne vas quand même pas repartir sans rien acheter ? » Il remporte alors la dernière enchère, peut-être sous le coup de ma remarque. Plus de 19 millions de dollars ont été récoltés ce soir-là, c'est dire le standing du gala et des invités. Un moment très impressionnant dans ma vie de Miss.

Au fil des mois, j'ai compris que l'action caritative est un garde-fou. On ne peut pas vivre dans une bulle de privilèges, même quand on travaille dur pour y parvenir. J'ai constaté aussi avec bonheur que ce que l'on appelait autrefois la « bienfaisance » n'est plus le terrain réservé des femmes. De Lady Di à Bernadette Chirac, on a longtemps vu les premières dames s'emparer des sujets d'entraide et de solidarité. Aujourd'hui, on peut se réjouir de voir beaucoup d'hommes se mobiliser sur ce terrain.

Je dois attendre le mois de mars avant de rentrer pour la première fois en France, mais mon attente est largement récompensée. Ce séjour est aussi dense que riche en émotions, saturé de rendez-vous et de conférences de presse ! Je suis épuisée, mais je tiens à savourer chaque opportunité qui s'offre à moi, alors je carbure au Red Bull et au café pour tenir le rythme. Je m'aperçois que j'ai accès à un autre niveau de glamour et de rencontres en tant que Miss Univers. Je fais un shooting inoubliable sur les toits de Paris pour la couverture d'un grand magazine de mode, en portant des bijoux de grande valeur (plusieurs millions d'euros), des chaussures Gucci… Même si je meurs de froid dans ma robe légère, je réalise que de nouvelles portes me sont ouvertes.

J'intéresse désormais des médias plus prestigieux, des grands noms de la mode et des marques plus pointues. Je me fais photographier par Gilles Bensimon, qui a découvert quelques-uns des plus grands mannequins, et c'est pour moi un honneur de le côtoyer. Le magazine *Technikart* me propose aussi de poser pour sa couverture, car une pétition circule pour faire de moi la nouvelle Marianne : j'incarne donc une Marianne assez décalée, qui montre une autre facette de ma personnalité.

Bien que, finalement, je ne sois pas la nouvelle Marianne, j'honore une invitation particulièrement prestigieuse : celle du président de la République ! Le 18 mars, François Hollande m'a fait l'honneur de me convier à l'Élysée, avec mes parents, Esther, Sylvie et Christopher, mon futur manager. À ma façon, et à l'instar des grands sportifs reçus après leur victoire, j'ai gagné la reconnaissance du chef de l'État pour ma contribution au rayonnement de la France. Mon père et ma mère sont encore plus intimidés et excités que moi. L'un est prof d'histoire-géographie, l'autre enseigne l'art et l'architecture : je ne pouvais pas leur faire plus plaisir !

Le moment venu, cependant, nous craignons que la visite ne soit annulée. L'attentat à l'aéroport d'Orly éclate le jour même, et nul doute que le chef de l'État est accaparé par l'événement. Je suis presque sûre que notre rendez-vous va être annulé mais, dans le doute, nous nous rendons tout de même à l'Élysée. Malgré mes craintes, à l'heure convenue, on nous invite à monter au Salon des ambassadeurs. Pas une minute de retard !

Nous passons ensuite un très agréable moment d'échanges avec François Hollande, qui s'avère aussi sympathique qu'accessible. Nous parlons de tout, de la représentation de la France à l'étranger, mais aussi de sujets plus légers, et mes parents, assis de part et d'autre du président, sont charmés par son humour. C'est un honneur incroyable pour nous tous, et c'est à mon titre de Miss Univers que je le dois ! Nous avons ensuite la chance de visiter le palais de l'Élysée, dont la beauté et la solennité nous éblouissent. Dans les cuisines, le chef, qui avait manifestement suivi la compétition de Miss Univers, m'offre un accueil particulièrement chaleureux et, grâce à lui, je peaufine ma recette du bœuf bourguignon !

Après ces premiers trois jours intenses à Paris, je rentre enfin dans ma région. Le comité Miss France a organisé un accueil triomphal et très émouvant à Lille, qui reste l'un des moments les plus forts de cette année. Je n'aurais jamais imaginé une telle présence du peuple du Nord. Une foule immense m'accueille dès mon arrivée à la gare, avec des affiches à mon effigie, des mots d'amour. Je crois que les photos parlent d'elles-mêmes… L'ampleur du rassemblement est telle que l'angoisse me saisit. Mes gardes du corps font une ronde autour de moi, et nous peinons à sortir de la gare où des cris d'enfants écrasés par la foule me parviennent. Je sèche rapidement mes larmes de panique et monte dans le bus royal qui m'attend à la sortie de la gare.

Remise de mes émotions, je défile jusqu'à la Grand'Place, aux côtés des Géants de la ville et sous les acclamations du public. Je sens une formidable énergie émaner de la foule. Je repère les gens de Steenvoorde, venus m'encourager avec d'énormes panneaux, des étudiants de ma fac, j'aperçois aussi ma grand-mère. En montant sur le balcon de *La Voix du Nord*, j'ai la grande joie de trouver Camille et Rachel Legrain-Trapani, Miss France 2007, elle aussi originaire de ma région. C'est un moment magique, et je ne cesse de remercier les gens du Nord, qui me soutiennent depuis le début. Chaque retour en France sera une bouffée d'air frais, mais celui-là, le premier, a quelque chose d'inoubliable.

NON, JE N'AI PAS CHANGÉ

À cette occasion, je prends conscience que mon mode de vie déforme jusqu'à l'idée que les miens se font de moi. Pour clore mon séjour en France, des amis de ma mère nous prêtent une petite maison perdue dans les dunes du Touquet pour que nous y passions, ma mère, ma sœur, son petit garçon et moi-même trois jours tranquilles, loin des paparazzis. Pour Cassandre, il allait de soi que je devais dormir dans le seul lit à deux places de la maison, et que ma mère et elle se partageraient les lits jumeaux tandis que le petit Octave dormirait dans le salon, dans un lit parapluie. Elle se disait que j'étais habituée au grand luxe et que je ne pouvais plus faire machine arrière. Bien évidemment, j'ai dormi dans un des lits jumeaux, et ma sœur dans le grand lit avec son fils. Mais cette précaution, si gentille fût-elle, était aussi le signe d'une certaine distance.

En dépit de ma nouvelle vie trépidante, je ressens très fortement la valeur du lien qui nous unit. Ma famille est toujours derrière moi, toujours dans mes pensées. C'est grâce à elle que j'ai appris à être ambitieuse, à travailler dur, mais sans jamais écraser les autres, en étant plutôt dans l'empathie. Je leur dois beaucoup, et la peine que peut parfois leur causer mon éloignement est difficile à vivre.

Iris est authentique. Quand je suis avec elle, je ne me sens pas en présence d'une célébrité, mais d'une vraie personne, et c'est ce que j'aime. Ensemble, on rit, on partage nos repas en toute simplicité, on s'échange des conseils, et je peux être moi-même. Personne ne comprend mieux ce que je vis. Il n'y en a que 66 dans toute l'histoire, et je suis heureuse que l'une d'elle soit mon amie. Nous sommes comme des sœurs. C'est une belle personne, dotée d'un grand cœur. L'amie qui sera là si vous avez besoin d'elle, couronne ou pas couronne.

Pia Wurtzbach

J'aborde plus sereinement la fin de mon année Miss Univers, car j'ai déjà vécu une fois la passation d'une couronne. Cela fait deux ans que je vis à un rythme effréné, mes proches me manquent et je voudrais retrouver une vie personnelle et amoureuse un peu plus normale. J'ai bien profité de cette année et de mes voyages et, maintenant, j'ai envie de poursuivre ma vie.

Cependant, lorsque j'apprends que l'élection est avancée de deux mois en raison des disponibilités de la salle de Las Vegas, je ressens une cruelle déception. L'organisation Miss Univers ne communique pas officiellement les raisons de ce changement, et je crains que le public et les médias ne me prennent pour cible. En disant que je ne suis pas assez bonne pour l'organisation, qu'on a préféré me remplacer au plus vite, que je ne suis pas appréciée… De fait, en France comme aux États-Unis, cela crée beaucoup de remue-ménage. On se demande si je dois rentrer en France pour me marier, certains articles suggèrent effectivement que je ne suis pas assez intéressante pour l'organisation, et c'est une fois de plus un moment difficile à vivre, qui gâche un peu le plaisir avec lequel j'envisage mon retour en France pour les fêtes de fin d'année.

DES ADIEUX À VEGAS

Cette année, l'élection a donc lieu à Las Vegas (Paris n'était pas envisageable pour accueillir l'élection) où je me rends deux semaines avant. L'un des privilèges de Miss Univers est de pouvoir dessiner sa robe de cérémonie à cette occasion. C'est la robe emblématique de notre règne. La dernière tenue de notre année de Miss, donc la plus importante, celle dans laquelle on veut qu'on se souvienne de nous. J'avais déjà envoyé un dessin à un créateur indien, mais la réalisation ne correspondait pas à ce que je voulais, elle ne m'allait pas. Je commande donc une robe à un autre créateur, Michael Cinco, mais celle-ci tarde à arriver… Prise par mes obligations, par l'accompagnement des nouvelles candidates, je ne remarque pas tout de suite le stress que ce retard procure à Esther.

Finalement, je dois attendre la veille de l'élection pour découvrir la fameuse robe. Et elle me va à la perfection !

Elle est telle que je l'avais rêvée : une sublime teinte écarlate, sertie de cristaux étincelant, alliant glamour et élégance. Soulagée que tout rentre dans l'ordre, Esther fond en larmes sous mes yeux, et relâche toute la pression accumulée. Je suis très émue et je me sens coupable de ne pas avoir perçu plus tôt sa détresse. Nous tombons dans les bras l'une de l'autre. Après une année de collaboration, des liens très forts nous unissent. Nous avons partagé chaque jour depuis mon élection, voyagé, ri et pleuré ensemble. Elle m'a soutenue dans tous les moments difficiles, professionnels ou personnels. Elle a été mon point de repère. Dès le lendemain, elle devra suivre une nouvelle Miss. La séparation s'annonce très difficile.

La soirée du 26 novembre passe très rapidement, et je suis un peu déçue que notre Miss France ne fasse pas partie des finalistes. Mais Miss South Africa s'est imposée depuis le début. Je m'aperçois, en étant de l'autre côté, qu'on se rend compte très vite de qui va gagner : Demi sort tout de suite du lot. Elle est très belle, intelligente, incroyable dans chacune de ses interviews, et dégage quelque chose de rare. Je suis donc heureuse de savoir ma couronne entre de bonnes mains…

Une année, ça peut paraître long, mais les aiguilles tournent vite. Lorsque la nouvelle Miss Univers a été élue, j'ai dû quitter Iris à regret. Cependant, elle restera pour toujours Miss Univers 2016 ! Même si nous ne sommes plus ensemble au quotidien, les souvenirs qui nous lient resteront gravés en nous. Un coup de fil, et je répondrai présente. Entre nous, il n'y a pas d'adieu qui tienne et elle le sait. Iris dirait sans doute que son année de Miss Univers a forgé la femme qu'elle est devenue. Sa victoire lui a ouvert des portes, et lui a permis de rencontrer des personnalités du monde entier. Mais aussi d'en apprendre plus sur qui elle est, et de devenir l'initiatrice de ses futures entreprises.

Esther Swan

ET APRÈS ?

Quand on est Miss Univers, on est happée dans un rythme qui ne permet pas de regarder en plan large. On zoome en permanence pour se préparer à ce qui est prévu à court terme. Ça aide à ne pas se disperser, mais ça ne permet pas de se projeter. C'est pour ça que, lorsqu'on nous demande sans cesse ce que nous voulons faire « après », c'est extrêmement difficile de répondre. On n'a pas la disponibilité d'esprit pour se poser et planifier la suite. Et d'ailleurs, à quoi bon ? Il suffit d'une rencontre, d'un événement pour que la vie bascule ou que des projets affleurent.

Je le dis à toutes les Miss : vivez pleinement votre année, multipliez les contacts et les expériences. Quand vous rendrez votre couronne, vous aurez le temps de prendre du recul et de faire des choix en résonance avec vos valeurs, et qui tiendront compte de tout ce que vous aurez vécu. C'est en tout cas ce que j'ai appris en gagnant en maturité au fil de concours.

Look soirée

Le teint

- Pour le teint, suivez la même routine que pour le look de jour.

Les yeux

- Appliquer une base afin d'unifier la paupière.
- Réaliser un trait d'eye-liner, afin d'étirer le regard au maximum.
- Appliquer des faux cils individuels à l'extrémité de l'œil.

La bouche

- L'habiller d'une couleur vibrante : rose fuchsia (comme ici), rouge, bordeaux ou orange.
- Dessiner les contours des lèvres à l'aide d'un crayon adapté.
- Remplir légèrement l'intérieur des lèvres avec le crayon, afin d'optimiser la tenue du rouge à lèvres.
- Appliquer le rouge à lèvres.

→

Astuces pour une bouche irrésistible :

- Bien exfolier et hydrater ses lèvres, afin d'avoir une bouche lisse, sans aucun signe de déshydratation.
- Après avoir maquillé la bouche, vous pouvez repasser les contours à l'aide d'un pinceau fin et d'un correcteur d'une teinte plus claire.

Coiffure : les cheveux attachés

- Faire une raie au milieu.
À 3 cm de l'implantation, réaliser une séparation supplémentaire de chaque côté de la séparation centrale, jusqu'à l'oreille, d'une largeur de 3 cm. Isoler ces deux séparations. Réunir les deux mèches ainsi obtenues avec le reste des cheveux, et attacher le tout en une queue-de-cheval basse que vous allez fixer à l'aide d'un élastique.
- Réaliser une tresse sur toute la longueur de la queue-de-cheval, puis l'enrouler sur elle-même afin de réaliser un petit chignon bas, sur la nuque. Le fixer à l'aide d'épingles.
- Tresser les deux sections isolées, et fixer la fin de chaque tresse sur le chignon.

5

The show must go on

Avez-vous parfois l'impression que les astres s'alignent pour vous montrer le chemin ? Que les signes fleurissent partout où vous posez les yeux ? Que le destin multiple les clins d'œil ? Eh bien, c'est ce que j'ai ressenti tout au long de cette année ! Une année imprévisible, riche en surprises, mais qui a finalement tracé un chemin harmonieux. Du casting de Danse avec les stars *à l'affiche du Paradis Latin en passant par la scène du* Fashion Freak Show *de Jean-Paul Gaultier, on peut aujourd'hui voir une belle continuité. Pourtant, rien n'était joué d'avance...*

UN NOUVEAU DÉFI

Participer à *Danse avec les stars* était un désir que je nourrissais depuis des années. Au cours de mon règne de Miss France, Sylvie Tellier avait elle-même participé à l'émission, m'offrant ainsi une fenêtre sur les coulisses de la compétition, la discipline des entraînements et la force du lien qui se crée avec son danseur. De son expérience, j'ai surtout retenu l'enthousiasme d'être initiée à un large éventail de danses, et l'intense satisfaction qu'on en retire. Elle m'a bien sûr parlé de la fatigue, des efforts physiques et du stress d'avoir à produire une chorégraphie par semaine, mais cela ne m'effraie pas (ou plutôt : je ne me rends pas compte !). La danse, le challenge, le spectacle... tout y est. Ce défi semble taillé pour moi.

Dès cette époque, j'ai été approchée par l'émission. J'aurais pu y participer à la suite de mon année de Miss

France, mais, comme vous le savez, le destin en a décidé autrement. En devenant Miss Univers, je ne pouvais plus m'engager dans cette aventure de plusieurs mois ; je vivais désormais aux États-Unis, et l'avenir était ouvert à tous les possibles. Ce n'était tout simplement pas le bon timing, mais ce n'était que partie remise.

Lors de mon retour à Paris, fin 2017, l'idée refait surface. Après une année étourdissante passée en grande partie à l'étranger, je suis bien décidée à poser mes bagages en France. J'ai bien sûr le désir de passer du temps avec mes proches, mais je veux aussi retrouver mon pays, celui qui m'a vue grandir, mon ADN. Que les gens sachent que mon expérience internationale ne m'a pas fait oublier mes racines, et que c'est en France que je me sens chez moi. C'est d'ailleurs pour cette raison que j'avais refusé de jouer dans la série *Amour, Gloire et Beauté* quand on m'en a fait la proposition. Même si j'avais envie d'avoir une expérience de comédienne, je ne voulais pas avoir à m'installer aux États-Unis. Je ne suis sûre que d'une chose : je souhaite marquer la fin de ma vie de miss, poursuivre mes aventures en France. De retour à Paris, j'étais donc au bon endroit, au bon moment, et je venais justement de signer un contrat avec TF1 pour animer l'émission *Ninja Warrior* pendant l'été. Cette fois, plus d'obstacle à l'horizon, les astres sont alignés.

J'ai déjà réalisé un rêve en remportant successivement toutes les couronnes de miss, et, à présent, un autre s'offrait à moi : apprendre la danse, un désir qui remontait à l'enfance, à l'époque où je mettais en scène des shows endiablés dans le salon de notre maison. Avec *DALS*, l'occasion m'était donnée d'apprendre en quelques semaines les principaux types de danses, d'être initiée par un professionnel qui me consacrerait tout son temps, tout en étant motivée chaque semaine par des prestations en *prime*. Je ne peux pas rêver mieux pour progresser ! Je n'aborde pas cette expérience comme un tremplin vers une carrière de danseuse professionnelle, je ne me projette pas si loin. J'y vois simplement une aventure très riche en soi, pleine de promesses, un défi comme j'aime en relever. Alors je me lance.

LE DUO #ANTHORIS

Jusqu'au premier jour des répétitions, le nom de nos partenaires est tenu secret. Le suspense plane depuis plusieurs mois, mais, même si les pronostics étaient ouverts, je pressens qu'Anthony sera mon danseur.

Nous nous sommes rencontrés l'an passé, lors de la fête de fin de tournage de *Ninja Warrior*. En quelques mots et – déjà – quelques rires, le courant est tout de suite passé entre nous. Nous nous connaissons très peu, mais ce premier contact me fait entrevoir une complicité possible – qui s'est largement confirmée par la suite. Nous avons à peu près le même âge, nous sommes plutôt bien assortis, il me paraît donc logique que la production nous fasse concourir ensemble. J'ai vu juste !

> *Quand on m'a annoncé qu'Iris allait être ma partenaire, j'étais ravi, et aussi un peu impressionné. Elle a été la première Miss France dont j'ai suivi l'élection en direct à la télévision. Dès les premiers entraînements, une complicité immédiate s'est créée entre nous. Iris était motivée par le défi, et en même temps elle savait rire d'elle et s'amuser.*
>
> *Anthony Colette*

Après l'accueil des participants, chaque couple part s'entraîner pour le premier *prime*, qui a lieu trois semaines plus tard. Un *prime* sans élimination, mais pas sans stress, puisqu'il s'agit pour la plupart des personnalités de leur première prestation de danse en public. L'enjeu est multiple : réussir une chorégraphie, faire une première impression convaincante, et donner un avant-goût de nos capacités pour amener le public et le jury à croire en nous. Pour Anthony et moi, c'est aussi un bon test pour savoir comment nous allons travailler ensemble et nous ajuster l'un à l'autre.

Trois semaines. Le compte à rebours est lancé. De mon côté : trois semaines pour me faire au rythme exigeant des répétitions, intégrer les bases de la danse de couple et gagner assez d'assurance pour performer devant un public. Côté Anthony : trois semaines pour former une débutante, lui donner confiance en elle, et imaginer une chorégraphie qui fasse sensation. Le défi était d'autant plus grand que notre première prestation était un tango argentin, une danse sulfureuse, que les professionnels mettent des années à maîtriser !

Trois semaines enfin pour nous apprivoiser, créer une synergie, une connexion forte entre nous. De l'extérieur, quand vous voyez deux personnes danser, cela peut vous paraître anodin : une danse de couple se fait à deux, c'est le principe. En réalité, cet exercice n'a rien de naturel : il implique un rapport au corps, un rapport à l'autre radicalement différents. Un mélange de maîtrise et de lâcher-prise qui n'est possible que lorsqu'on se fait totalement confiance. Au début, évoluer dans les bras d'Anthony, à deux centimètres de son visage, sur fond de musique sensuelle, me met plutôt mal à l'aise, car je n'ai pas l'habitude d'une telle proximité. Lorsqu'il me lance son fameux regard de braise, digne des plus grands tangueros… j'éclate de rire ! C'est plus fort que moi, je trouve ce jeu de rôle irrésistible, et je suis incapable de l'imiter avec sérieux. Ainsi, ces premières séances sont souvent ponctuées de fous rires incontrôlables, et communicatifs ! C'est ce genre de moments qui soudent notre complicité dès le départ. Nous constatons rapidement que notre état d'esprit est proche de celui de l'autre, et que nous nous entendons sur l'essentiel : il y a de l'application de part et d'autre, beaucoup de ténacité et d'envie de réussir, mais aussi une part de jeu, d'autodérision, et, plus que tout, le désir de profiter au maximum de cette expérience, dont nous ne connaissions pas encore la durée. En un mot, nous étions en phase.

Le premier *prime* nous apporte toute la satisfaction que nous pouvons espérer. Si nous n'avons pas eu les meilleures notes, nous étions tout de même fiers de nous : fiers d'avoir donné le maximum et d'avoir fait sensation auprès du public, fiers aussi de n'avoir pas démérité vis-à-vis de l'autre, d'avoir tenu nos promesses. C'est un souvenir magnifique, qui restera pour moi l'un des plus beaux. D'autant que, désormais, la compétition va vraiment commencer…

AU CŒUR DU CHALLENGE

À partir du deuxième *prime*, nous pouvons quitter l'aventure à l'issue de chaque émission, car les éliminatoires commencent. Une épée de Damoclès plane au-dessus de notre tête, et, pour qu'elle ne tombe pas, nous nous efforçons d'être plus performants d'une semaine sur l'autre, de tenir compte des remarques des jurés pour qu'ils récompensent nos progrès et nos efforts, et d'offrir le maximum aux téléspectateurs. Chaque samedi, je vois les participants partir les uns après les autres, des participants que j'ai vus répéter avec acharnement toute la semaine, à nos côtés, et qui, comme nous, se sont donnés à 100 %. Je me demande quand ce sera mon tour. Notre tour. Car, désormais, ma motivation est double : je me démène pour rester dans la course le plus longtemps possible, mais aussi pour qu'Anthony y reste, pour qu'il ait la reconnaissance qu'il mérite. C'est très important pour moi de lui faire honneur, car je vois tous les efforts qu'il déploie jour après jour pour nous mener le plus loin possible, et je lui en suis reconnaissante. Mais la tâche s'annonce bien plus difficile que prévu.

En m'engageant dans cette aventure folle, je ne me doutais pas de ce qui m'attendait. J'étais loin d'imaginer les épreuves physiques et mentales auxquelles je suis confrontée chaque jour, et la fatigue extrême des entraînements. Bien sûr, en amont, on vous prévient que ça va être dur, qu'il va falloir s'accrocher, mettre sa vie personnelle entre parenthèses et donner beaucoup de soi. D'autres sont passés par là, à commencer par Sylvie. Mais, lorsqu'elle me parlait de la difficulté de l'émission, j'avoue que je n'en prenais pas toute la mesure : comme tous ceux qui n'ont pas vécu cette aventure, je ne me rendais pas compte de l'engagement que ça impliquait sur la durée. On a beau vous avertir, rien ne peut préparer des débutants à ce niveau d'exigence !

J'ai compris ce que la compétition pouvait avoir de frustrant dès la préparation du deuxième *prime*, pour lequel on nous avait imposé une figure : l'écharpe. C'est une figure très difficile à maîtriser, à tel point que même nos partenaires, pourtant professionnels, s'y sont repris à plusieurs fois pour nous en faire la démonstration. Et on me demande à moi, qui m'entraîne depuis seulement trois semaines, de l'exécuter aussi proprement que possible... Pour y parvenir, Anthony et moi pratiquons sans relâche, jour après jour, au point de nous épuiser, au point de nous blesser ; le soir de la performance, une multitude de bleus témoignent de nos séances éprouvantes ! Pourtant, nous tenons bon, nous donnons tout pour remplir notre objectif. Aussi, lorsque les jurés déclarent que nous n'avons pas été assez convaincants pour obtenir les points de l'exercice, que la figure n'est pas assez maîtrisée, la déception est immense. Bien sûr, c'est le jeu, il arrive qu'on ne soit pas à la hauteur et il nous faut accepter chaque petite défaite, en essayant de ne pas se laisser abattre. Mais, quand on a travaillé comme des fous, mis tout son cœur dans la danse, pour un résultat que le jury balaye en quelques mots sans appel, c'est très dur à encaisser. On ne peut pas s'empêcher de ressentir une pointe d'injustice.

Ce n'est vraiment pas évident, d'être jugé sur une discipline que l'on ne maîtrise pas, qui n'est pas notre spécialité. Lors des concours de miss, on nous demande de défiler, de nous mettre en valeur, et nous sommes évaluées sur notre image, notre attitude, sur le charisme que nous pouvons dégager. Comme vous le savez, ces concours ont leur lot de difficultés, mais c'était très différent de ce que je vivais à présent dans *DALS*. Heureusement, je n'ai pas été trop malmenée par les jurés. Même si je ne suis pas toujours d'accord avec les critiques, par exemple, lorsque je suis certaine d'avoir fait ce qu'il fallait, je reçois plutôt des retours constructifs et bienveillants, qui m'aiguillent pour les prochaines prestations, sans me décourager.

Au départ, je suis nécessairement un peu scolaire, et c'est normal : cela prend du temps de gagner en aisance et en naturel, dans une discipline dans laquelle on débute. J'ai besoin de trouver mes repères corporels, de m'ajuster à mon danseur, de gagner aussi en confiance en moi. Et surtout mon défi est de laisser transparaître le plaisir que j'avais à danser, de transmettre cet enthousiasme au public.

Au fil des semaines, je me trouve de plus en plus dans mon élément, et, lorsque je me lâche davantage sur une danse que j'adore, comme la samba, ou ma danse sur Beyoncé, le jury le remarque tout de suite. Mais l'enchaînement des *primes* apporte un nouvel obstacle de taille : la fatigue.

UN MARATHON À CENT À L'HEURE

À mesure que le temps défile, que la tension monte, le rythme s'intensifie, lui aussi. Alors qu'au début nous répétions cinq heures par jour, nous passons progressivement à des séances de 8 heures du matin à 8 heures du soir. Nous devons nous battre chaque semaine pour rester dans la course, et, pour ça, il n'est pas question de laisser passer une occasion de progresser. Bien sûr, tous les couples n'ont pas la même implication, celle-ci dépend de l'état d'esprit dans lequel on participe. Pour ma part, j'ai décidé de tout donner, de m'investir à 200 %, comme dans tout ce que je fais. Même quand je suis épuisée, les heures sup ne m'effrayent pas. Il arrive souvent que nous demandions de rester plus tard que prévu dans les studios de danse, et, quand ce n'est pas possible (par exemple, quand nous sommes les derniers et que nous ne voulons pas retenir le staff sur place rien que pour nous), j'ai une autre solution : Anthony et moi répétons dans une boîte de nuit déserte que mon manager nous met à disposition, le soir, après la journée au studio, aussi longtemps qu'on nous le permet.

Rassurez-vous, il y a aussi des moments pour souffler. Le dimanche est le jour de repos imposé, et je le consacre à une seule et unique chose : dormir ! J'ai désespérément besoin de recharger mes batteries, à la fois pour me remettre du *prime* de la veille – qui se termine tard – et pour me préparer à affronter la semaine à venir. Je n'en profite pas pour voir du monde ou pour sortir, car je suis consciente que mon corps a avant tout besoin de repos, d'un relâchement complet. Ma famille, je la vois le samedi si elle vient au show. Il faut savoir que, en parallèle de *DALS*, je poursuis tous mes engagements professionnels, comme chacun des participants. Même si nous sommes investis dans la compétition, nous ne cessons pas pour autant de travailler, d'être mannequins, acteurs, de faire des shootings, des interviews... Nous avions tous notre carrière à côté, mais aussi le devoir d'assurer au sein de l'émission.

Au-delà du palmarès final, le principal défi est de tenir. Tenir sur la durée, cumuler nos différentes casquettes, ne pas céder à l'épuisement, tout en essayant de profiter au maximum de ce qu'on vit. La compétition se joue avant tout avec moi-même : mon objectif, à travers cette aventure, c'est comme toujours de me dépasser, de me prouver que je peux m'en sortir dans un domaine qui n'est pas ma compétence initiale. J'aime me mettre en danger, ce n'est pas nouveau, et je dois dire que j'ai dû mériter chaque nouvelle semaine, chaque note du jury, chaque pas vers la finale. Pour y parvenir, je m'efforce d'observer quelques règles simples, des règles qui peuvent s'appliquer à n'importe quel challenge : conserver une bonne hygiène de vie, dormir dès que je le peux, garder le moral même sous les critiques, et ne pas me perdre dans l'esprit de compétition.

Focalisée sur ce challenge personnel, je ne me sens pas réellement en concurrence avec les autres participants : nous avions tous des profils très différents, des styles qui nous sont propres, aussi peu d'expérience les uns que les autres... Nous ne pouvions pas vraiment nous comparer entre nous, alors que, pour les danseurs professionnels, la compétition a plus de sens : il s'agit de leur métier. Plus les danseurs passent de *primes*, plus ils sont visibles, et plus ils auront de chances de se voir offrir des contrats dans l'année qui suit. Ils ont donc davantage à gagner, ou à perdre, et c'est pourquoi il est important pour moi de mener notre duo le plus loin possible.

POUR LE MEILLEUR ET POUR LE PIRE

Ma relation avec Anthony évolue, elle aussi, au fil des semaines. Nous vivons des moments de plus en plus durs, mais aussi des satisfactions de plus en plus intenses lorsque nous réussissons à réaliser une figure ou qu'une chorégraphie est appréciée du jury. Soumis à la pression, nous nous disputons souvent, comme tous les duos de participants. Je peux perdre mon sang-froid, lui crier dessus, pleurer, et puis, cinq minutes après, on se tombe dans les bras et la crise est passée. C'est inévitable, quand on est à bout, qu'il est 22 heures et qu'on s'entraîne depuis 8 heures du matin, qu'on n'arrive pas à maîtriser un enchaînement, même si on a tout essayé pour y arriver. C'est une aventure humaine avant tout, et, dans ces conditions extrêmes de stress et d'efforts, on passe par toutes les dimensions d'une relation, de la complicité au clash, en une fraction de seconde. C'est aussi ça qui donne toute sa richesse à l'expérience. Quoi qu'il arrive, on garde à l'esprit qu'on doit sa réussite à l'autre, et on reste solidaires dans l'épreuve. Ceci est très nouveau pour moi, car, dans les concours de beauté, il n'y a qu'une seule gagnante, on est seule maîtresse de son destin. À présent, je dois penser en duo.

L'épreuve la plus difficile que j'ai à vivre est incontestablement ma blessure au coccyx. Le mardi précédant les quarts de finale, alors que nous testons de nouvelles figures pour les danses de la semaine (une rumba et un cha-cha-cha), nous tentons un porté un peu ambitieux. Au début, nous réussissons à le faire, mais il ne nous semble pas assez impressionnant pour notre choré. Nous essayons de lui donner plus d'ampleur, et c'est là que ça dérape. Alors que je suis en l'air, je sens que je suis mal partie et, de fait, je me réceptionne mal et tombe sur le coccyx. Ma chance, dans mon malheur, c'est d'avoir pensé à mettre un petit tapis d'entraînement avant le dernier porté. Celui-ci a donc amorti ma chute, qui aurait pu s'avérer bien plus grave.

Je me retrouve donc à terre, en proie à une douleur insupportable, face à un Anthony mortifié. Nous avons très peur, et Anthony prend les devants en appelant les secours. Je passe la journée du lendemain à l'hôpital, et on me prescrit ensuite vingt-quatre heures de repos. Je suis désespérée : voir tous nos efforts balayés par une mauvaise chute me semble vraiment injuste. Dans un moment de découragement, je pense même tout abandonner. Savoir si mon coccyx est fêlé demanderait toute une batterie d'examens qui prendrait des jours, or le temps joue contre nous. Nous avons déjà perdu deux jours et demi de répétition, ce qui nous pénalise énormément. Je sais que je dois d'abord prendre soin de moi, ne pas perdre ma santé dans l'aventure, et que l'émission me permet de poser un « joker » pour blessure au prochain *prime*, sans être exclue de la compétition. Mais le besoin de m'accrocher, de mériter ma place, est plus fort que tout. J'ai mis tellement de cœur dans ce challenge que la perspective de le voir se terminer de cette façon, par accident, est terriblement frustrante.

Alors je décide de m'accrocher. De ne pas renoncer. Cela implique de se préparer en un temps désormais réduit, de prendre des antidouleurs et de revoir notre chorégraphie, car certains mouvements me sont devenus trop douloureux (je devais initialement me rouler par terre, ce qui est à présent exclu). Ça a été très difficile, tant physiquement – la rumba et le cha-cha-cha sollicitent beaucoup le bassin – que moralement, mais nous en sommes venus à bout, et c'est en soi un petit exploit.

Nous accédons donc à la demi-finale dans la douleur, mais non sans fierté, et, là encore, nos prestations convainquent le jury. Pourtant, c'est lors de cet avant-dernier *prime* que j'ai l'intuition que je ne remporterai pas la finale : à l'issue d'un enchaînement de danses sur des chansons de Michel Sardou, qui oppose les trois couples demi-finalistes, le décompte des notes révèle une nette préférence des téléspectateurs pour le duo de Clément et Denitsa. Terence et Fauve ayant été éliminés, Anthony et moi nous retrouvions donc en finale face aux favoris du public. Or l'élection du couple finaliste repose essentiellement sur le vote du public… Notre défaite s'annonce, et ce constat nous donne un coup au moral, alors que nous devons nous préparer pour de dernier *prime*. Mais, comme toujours, nous ne lâchons rien, car nous tenons à faire tout notre possible, et à garder la tête haute.

Au fil des semaines, la tension s'intensifiait, mais Iris ne lâchait rien. Pas parce qu'elle tenait à gagner à tout prix, non, mais pour mettre toutes les chances de son côté et n'avoir aucun regret. En un sens, Iris était plus compétitrice que moi. Même sa blessure au coccyx ne l'a pas découragée, alors qu'elle en a vraiment souffert. Elle m'a impressionné !

Anthony Colette

C'est dans cet esprit que nous abordons la finale tant espérée, le 1er décembre 2018. Je suis très fière d'avoir tenu jusque-là, d'avoir été de tous les *primes*, et d'avoir ma chance jusqu'au bout. J'ai pu apprendre la danse jusqu'au dernier moment, et c'était mon objectif. Les chansons qui nous sont imposées ne sont pas simples : *Ma déclaration*, une chanson de France Gall très belle mais lente, et une rumba, qui n'est pas la danse la plus impressionnante. Malgré tout, je voulais profiter de chaque instant, car cette finale est la nôtre et nous sommes plus que jamais fiers d'avoir mené l'autre jusque-là.

Pendant le show, nous nous donnons à 100 %. Au total, j'effectue quatre danses, dont une valse avec Clément. Le moment le plus intense est sans conteste ma dernière danse avec Anthony. Avant d'entamer cette ultime rumba, nous avons douloureusement conscience qu'il s'agit de notre toute dernière danse dans l'émission. Nous sommes tous les deux en pleurs avant de nous lancer, tant l'émotion est forte, et nous dansons notre rumba les yeux dans les yeux, comme si nous étions seuls au monde, loin des caméras et du public. À cet instant, rien d'autre ne compte que cette complicité inébranlable forgée par trois mois de danse quasi quotidienne. La compétition, la victoire, les notes du jury n'existent plus. Rien n'a d'importance, en dehors la pure ivresse de la danse, nos corps qui se répondent parfaitement, connectés entre eux par le regard, la musique, le plaisir d'être là, mêlé à l'extrême tristesse de se trouver sur le plateau, l'un avec l'autre, pour la dernière fois. Je suis tellement portée par l'adrénaline qu'à la fin j'ai l'impression de ne pas avoir dansé, c'est une sensation très étrange, irréelle. Même si nous ne remportons pas la finale, nous sommes très émus, et fiers de notre duo. Comme nous avons pressenti notre défaite, la déception n'est pas bien grande, d'autant que je suis très contente pour Clément, à qui je reconnais beaucoup de talent. Pour Anthony et moi, gagner n'est pas l'essentiel. Cette aventure humaine, physique et artistique, ce marathon qui a repoussé si loin nos limites, révélé des ressources insoupçonnées, et qui nous a fait accomplir des prouesses dont je me serais à peine crue capable. Cette expérience extrême nous a tant apporté que nous en sortons largement gagnants. Victoire ou non, notre parcours jusqu'en finale nous donne un authentique sentiment d'accomplissement. Nous n'avons rien lâché !

L'APRÈS-*DALS*

L'aventure *DALS* s'arrête du jour au lendemain, et je mets un peu de temps à m'y habituer. Ne plus me lever à l'aube pour me rendre au studio, ne plus répéter dix heures par jour, ne plus danser quotidiennement avec Anthony… Sur le moment, je suis tellement épuisée que je consacre plusieurs jours à dormir et à me reposer. Je pars en vacances pour décompresser, j'en ai terriblement besoin. À ce moment-là, je pense que je n'aurai plus d'occasion de danser, je ne sais pas encore ce que le destin me réservait. Je prends donc les trois mois écoulés comme un cadeau précieux que la vie m'a offert.

Même si nous ne nous voyions plus tous les jours, je reste en contact avec les autres participants, notamment Jeanfi et Héloïse, qui sont toujours de bons amis, et bien sûr Anthony. L'avantage de s'être un peu éloignés, c'est que nous nous disputons beaucoup moins ! Mais nous avons toujours plaisir à nous voir et à danser ensemble, et j'espère qu'il fera toujours un peu partie de ma vie.

Deux semaines après la finale, je décolle pour Bangkok

afin d'assister à l'élection de la nouvelle Miss Univers. Ce retour dans l'univers des miss me fait un bien fou : je peux revoir toute l'équipe à laquelle je m'étais attachée, notamment Esther, ma « nounou ». C'est pour moi très émouvant de retrouver toutes ces personnes avec qui j'ai tant partagé pendant toute une année. Comme je vis loin d'elles, rares sont les occasions de se voir, et c'est souvent frustrant. J'ai ici la chance de renouer avec chacun. C'est aussi la première fois que j'assistais à l'élection en tant que spectatrice, et je peux simplement profiter du show, sans la pression d'avoir à y participer. En voyant la nouvelle miss être élue, je repense au chemin parcouru depuis mon propre couronnement, début 2017, et le souvenir de toutes les belles choses que j'ai vécues me donne un sentiment d'apaisement.

Ce regard rétrospectif sur ma propre histoire, j'ai l'occasion de vous le transmettre dans ce livre, dont la première version sort trois semaines avant la finale de *DALS*. Les premières séances de dédicaces m'ont permis de décrocher un peu de la compétition, même si c'était compliqué d'être à 100 % disponible pour les lecteurs dans ce contexte. Mais, après l'émission, je peux m'y consacrer plus sereinement. Ce livre est une étape importante pour moi. Avec ce récit sur mon parcours et ce que j'en ai retiré, je peux donner à voir la vraie Iris, celle que le public ne peut pas connaître. J'ai pu m'exprimer sans filtre, directement à vous, afin de vous montrer qui est la femme derrière toutes les écharpes.

Que ce soit à travers *DALS* ou à travers mon livre, je tiens cette année à révéler ma personnalité, dire qui je suis et ce qui me porte. Ce livre aussi est aussi une mise en danger, car personne ne s'attend à ce qu'une ancienne miss souhaite livrer son récit de vie. Mais les premiers retours que je reçois, et tous les autres depuis, me prouvent que ma démarche était juste. De nombreuses personnes se sont reconnues dans le besoin de suivre leurs rêves, se sentant parfois mal dans leur peau, ou affectées par les critiques. Certaines ont appliqué les conseils que je donne, pour suivre une voie qui leur correspond mieux, et arrêter de se mentir. Ces témoignages me touchent beaucoup, et me confortent dans l'idée que, quelle que soit notre vie, nous sommes tous en proie au manque de confiance en nous. Nous avons tous besoin de rêves, de courage et d'inspiration !

EN GUEST

Je l'ai appris au fil du temps : quand une aventure se termine, une autre se profile, souvent à notre insu ! Lorsque la page de *DALS* s'est tournée, je comptais poursuivre tranquillement le mannequinat avant de penser à la suite. C'est alors que s'est présentée une opportunité incroyable, venant de quelqu'un à qui je ne saurais rien refuser : Jean-Paul Gaultier.

Vous le savez, Jean-Paul Gaultier reste pour moi une personnalité inspirante et bienfaitrice, qui fait partie de ma vie depuis quatre ans, et qui a marqué mon parcours de miss. Il était président du jury Miss France lors de mon couronnement, j'ai porté ses robes pendant le premier shooting qui a suivi, j'ai défilé pour lui en tant que Miss Univers… À toutes ces occasions, j'ai pu apprécier sa gentillesse et ses qualités humaines, et j'ai constaté à quel point il était loyal envers ceux qu'il prenait sous son aile.

J'avais assisté à l'avant-première du spectacle autobiographique qu'il a monté aux Folies Bergère : le *Fashion Freak Show*. La représentation m'avait époustouflée. J'étais séduite par tant d'inventivité et de glamour dans cette suite de tableaux qui retracent sa vie en alternant des moments légers, pétillants, et d'autres plus émouvants. Une vraie réussite ! Un jour, Jean-Paul m'appelle : il veut que je participe à son show en tant que *guest.* Il cherche des personnalités capables de se produire au sein de son spectacle pendant quelques jours, afin d'apporter de la variété au public. Naturellement, j'accepte ! Outre mon amitié pour Jean-Paul, je suis très honorée de sa confiance, et flattée qu'il pense à m'intégrer dans un spectacle si personnel. Cette nouvelle aventure me permet de remettre un pied dans la danse, tout en performant dans un lieu mythique, les Folies Bergère !

LE FASHION FREAK SHOW

Lorsque je commence les répétitions avec la troupe du *Fashion Freak Show*, je suis un peu anxieuse. Le spectacle se joue depuis des semaines, et l'équipe est déjà rodée et unie. M'immiscer dans leurs habitudes et trouver ma place, pour moi qui ne suis pas une danseuse professionnelle, représente un petit défi. Heureusement, la troupe était à l'image de Jean-Paul : chaleureuse et solidaire. Les danseurs m'adoptent tout de suite, et je peux compter sur leur soutien et leur bonne volonté pour préparer au mieux ma prestation. Contrairement à ce que je craignais, ils sont ravis d'accueillir des *guests* pour pimenter le spectacle et bousculer leur routine.

Pour imaginer ma chorégraphie, faire appel à Anthony est pour moi une évidence. Après nos trois mois de danse, il est le mieux placé pour savoir quels enchaînements me correspondraient, quelles figures seraient adaptées et me mettraient en valeur. Et puis c'est une occasion inespérée de retravailler ensemble si peu de temps après l'émission ! Cette fois, je dois apprendre à danser avec un nouveau partenaire, Nacer. Même si tout se passe très bien avec lui, c'est étrange de danser avec quelqu'un d'autre qu'Anthony, sous la direction de celui-ci. Jusqu'à présent, il était ma référence, et je ne peux pas m'empêcher de tout comparer à ce que j'avais connu avec lui. Mais il est important de pouvoir s'ajuster à différents partenaires, et de multiplier les expériences de danse. Le test est très concluant, alors même que nous n'avons eu que quelques jours pour nous préparer ! Cela me donne une fois de plus confiance dans ma capacité d'adaptation.

Dès le moment où je suis prise dans le tourbillon des répétitions, tout va très vite. À peine ai-je maîtrisé la chorégraphie et essayé les costumes qu'il me faut déjà monter sur scène. Mon parcours de miss m'a appris à bien gérer mon stress en public, et à me sentir à l'aise quelle que soit ma tenue. Je pouvais puiser dans cette expérience, mais jusqu'à un certain point seulement. Car, comme pour *DALS*, on attend de moi une prestation qui excède de loin un simple défilé. Heureusement, le plaisir que j'éprouve à faire le show me porte et j'arrive à m'amuser et à profiter de cette première.

Sur scène, l'atmosphère est incroyable. Pas de *prime*, mais un public bien présent, réactif, à qui le spectacle est exclusivement destiné. Cette connivence avec la salle est pour moi ce qui rend le théâtre si particulier. On sent une sorte d'intimité avec le public, et, chaque soir, la représentation est différente. Je peux m'en rendre compte à travers les sept représentations que je donne pour le *Fashion Freak Show.* Aucune n'est tout à fait semblable à la précédente et, pour moi, c'est un point capital à ce moment précis. Car, alors que je danse sur la scène des Folies Bergère, une autre proposition, très audacieuse, est à l'étude dans un coin de ma tête…

J'ai eu l'honneur de couronner Iris Mittenaere Miss France 2016. Depuis elle n'a cessé de prouver que nous avions eu raison de croire en elle, par son intelligence et sa grâce elle a conquis non seulement mon cœur mais celui de monde entier en devenant Miss Univers 2016. J'étais très heureux qu'elle rejoigne le Fashion Freak Show.

Jean Paul Gaultier

LA RENCONTRE DÉCISIVE

Le jour de mes vingt-six ans, une proposition en or m'attend : l'idole de mon enfance m'offre une opportunité de travail rare. Mon agent, qui profite ce soir-là de ma fête d'anniversaire, ne le rappelle que le lendemain (normal : à mes soirées, on ne travaille pas, on s'amuse !). Dès qu'il prend connaissance de la proposition, Christopher tente de m'appeler pour me mettre au courant, mais… je dors ! Ma fête m'a épuisée, et je me repose dans une profonde insouciance ; les grands moments ont parfois des débuts improbables !

À mon réveil, je découvre l'incroyable nouvelle : Kamel Ouali en personne me propose une audition pour être meneuse de revue au Paradis Latin ! Je dois avouer qu'au début je ne comprends pas de quoi il est question, ni ce que ce rôle implique exactement. Mais je sais que je vais rencontrer le chorégraphe que j'admire par-dessus tout depuis l'époque de la *Star Academy*. Mon rêve de petite fille était de rejoindre sa troupe, et voilà qu'au lendemain de mon anniversaire c'est lui qui souhaite me rencontrer…

C'est donc avec beaucoup de curiosité et d'émotion

que je me rends à notre premier déjeuner. J'ai sens tout de suite que Kamel est une belle personne. Il me parle avec simplicité, m'écoute avec attention, le contact est très bon. Il est en pleine préparation d'une revue pour le Paradis Latin, qui fête cette année ses cent cinquante ans, me dit-il. Dans son spectacle, il va revenir sur l'histoire de ce célèbre cabaret, en proposant une multitude de tableaux et de numéros d'exception dans lesquels les danseurs de sa troupe rivaliseront de talent. Pour porter la revue et pour lui donner de la visibilité auprès du public, il cherche une égérie mondialement connue, une personnalité pouvant incarner la Parisienne, à la fois élégante et charismatique. Je suis très fatiguée ce jour-là, mais, à ce moment de la conversation, mon attention est à son comble. J'ai du mal à y croire. Il cherche quelqu'un qui interviendrait tout au long du show, qui puisse danser et… chanter. Dommage, c'était trop beau ! « Je ne suis pas chanteuse, lui dis-je pour dissiper le malentendu, mais c'est gentil d'avoir pensé à moi. »

À ma grande surprise, ça ne le décourage pas. Il insiste en me disant que je peux progresser rapidement en prenant des cours, que toute une équipe de professionnels sera là pour m'épauler. Selon lui, je peux apprendre le chant comme j'avais appris la danse, en mode intensif ! Il me propose de passer une audition, dans un premier temps, « juste pour voir ». Cela n'engage à rien, et ça lui permettra d'estimer mon potentiel en chant, de décider avec moi si le défi est réalisable. Il m'assure que si les tests ne sont pas concluants il n'insistera pas et ne me mettra pas dans une position intenable ; il cherche quelqu'un de compétent pour le job et n'a aucun intérêt à mettre son spectacle en danger. Comme je trouve le pari un peu fou, ce bon sens me rassure, et j'accepte de passer l'audition. Le pire qui puisse m'arriver est de chanter comme une casserole devant mon idole et son équipe de professionnels ; en somme, une petite écorchure à l'ego dont je rirai sûrement quelques heures plus tard. Mais surtout – et c'est presque plus effrayant à imaginer – il y a aussi la possibilité que je réussisse le test…

Quand j'ai réfléchi à une meneuse de revue pour L'Oiseau Paradis, *j'ai immédiatement pensé à Iris. Pour ce rôle, je ne cherchais ni la meilleure danseuse ni la meilleure chanteuse, mais une femme qui ait quelque chose que les autres n'ont pas. Quelqu'un qui sorte du lot, qui ne pourrait être ni dans la troupe ni dans le public. C'est le cas d'Iris : elle va briller quelles que soient les circonstances grâce à son aura, son charisme et son élégance naturelle. À ce moment-là, je ne savais pas encore si elle était capable de chanter, mais dès les auditions elle m'a bluffé ; même si des cours de chant étaient nécessaires, elle avait ce qu'il fallait en elle.*

Kamel Ouali

L'HEURE DU CHOIX

Quelques jours après ma rencontre avec Kamel, je me rends dans un studio d'enregistrement. Je me retrouve à chanter dix chansons devant huit personnes, des professionnels qui écoutent attentivement le moindre son sortant de ma gorge. Difficile de trouver plus intimidant ! J'ai toujours aimé chanter, mais c'était jusque-là resté pour moi un loisir très privé.

Ma seule expérience professionnelle dans ce domaine remonte à l'été passé, mais il s'agissait d'une chanson collective enregistrée en studio, ce qui donne droit à l'erreur. Sur scène, on ne peut pas simplement « refaire une prise », il faut assurer du premier coup ! À cette occasion, j'avais enregistré avec quatre autres anciennes Miss Nord-Pas-de-Calais un titre pour l'album *Les Gens du Nord* : *Mademoiselle from Armentières*, de Line Renaud. Line Renaud, pour qui j'ai beaucoup d'affection, est depuis longtemps une sorte de marraine de cœur, une figure inspiratrice qui ne cesse de me montrer la voie, que ce soit par son exemple ou par sa gentillesse. Originaire du Nord, comme moi, elle a été l'une des plus célèbres meneuses de revues françaises. Elle a chanté sur la scène du Moulin Rouge, du Casino de Paris, à Las Vegas, et… au Paradis Latin ! Quelques jours avant de recevoir l'appel de Kamel, je l'ai justement croisée à un événement, et elle m'a dit ces mots prophétiques : « Cette année, je sens qu'il va t'arriver de grandes choses. » Difficile d'ignorer tous ces signes !

Moins d'une semaine après les essais en studio, Kamel me rappelle pour le verdict. Il a beaucoup discuté avec son équipe artistique, et tous sont tombés d'accord : j'ai de bonnes bases et, avec des cours de chant quotidiens, si je m'accroche, j'aurai l'étoffe d'une chanteuse d'ici le début des représentations, au mois de mai. En un mot, le rôle est à moi ! Je n'en reviens pas. Ainsi, ce rêve un peu fou devient possible, et il ne tient qu'à moi de lui donner vie.

Je prends quelques jours pour y réfléchir sérieusement, peser le pour et le contre. Il faut l'avouer, l'opportunité a tout pour me séduire. Danser pour Kamel Ouali était mon rêve d'enfant, un rêve bien plus ancien que celui d'être miss. Bien sûr, depuis cette époque, j'ai grandi, je suis devenue une autre personne. Une femme avec des rêves différents, nourris par les expériences de la vie. Néanmoins, accomplir le vœu le plus cher de la petite Iris me tient à cœur. J'ai le sentiment de me faire un cadeau à moi-même, de gagner en harmonie.

Et puis ce choix est dans la continuité de *DALS*, même si ce n'était pas mon but sur le moment. Grâce à l'émission, j'ai pu acquérir des bases solides en danse, apprendre à me produire devant un jury exigeant, progresser grâce à ses remarques et à l'accompagnement d'Anthony... Cerise sur le gâteau, le *Fashion Freak Show* me donne un avant-goût de ce type de travail, et me permet de tester le style de vie qui va avec. Pour moi qui crains la routine, la perspective de jouer le même spectacle chaque soir pendant des mois pose question. Serai-je capable de me donner à fond pour chaque représentation, sans me sentir lassée ? L'expérience avec Jean-Paul Gaultier me rassure sur ce point : le plaisir que j'ai à danser et la gratification du travail collectif prennent largement le dessus. Mais il reste des doutes non négligeables...

Physiquement, je sors de plusieurs mois d'entraînement éprouvant pour *DALS*. Ai-je le cran et l'envie de me lancer à nouveau dans près d'un an de répétitions et de représentations ? Et surtout serai-je capable de chanter, à la hauteur des attentes ? Danser est une chose, mais parier sur le chant, une discipline si nouvelle pour moi, a de quoi me donner le vertige ! Même si je suis touchée par la confiance que m'accordaient Kamel et son équipe, impossible de me départir de mes doutes. J'ai conscience que je serai attendue au tournant, scrutée sous toutes les coutures, jugée sur ma performance, et qu'au moindre faux pas on me rappellera que je ne suis pas une professionnelle du spectacle. Si j'accepte, je me mets résolument en danger. Curieusement, c'est ce qui précipite ma décision.

La facilité n'a jamais été ma philosophie. Je vous l'ai dit, la routine m'ennuie, et j'aime que le destin me propose des voies nouvelles, surprenantes, des terrains sur lesquels on ne m'attend pas, pour me permettre de déployer tout mon potentiel. Participer à *DALS*, c'était déjà une prise de risques, et mon goût du défi m'a donné la force de le relever – et de me faire une place jusqu'en finale. Pour le Paradis Latin, le défi est tout autre : la durée de l'engagement, le prestige de l'institution et les exigences légitimes d'un public qui attend la crème du cabaret français rendent la pression particulièrement forte, et l'enjeu, plus grand. Mais c'est justement le genre de challenge que je recherche pour booster ma confiance en moi. Vous le savez désormais, j'ai toujours ce besoin de sortir de ma zone de confort, cette nécessité de me prouver à moi-même ma propre valeur. Malgré la peur, mon instinct combatif me souffle d'accepter, de m'offrir cette chance unique de dépasser mes limites.

Et puis-je sérieusement laisser passer une opportunité pareille ? Entre *DALS*, le *Fashion Freak Show* et les mots encourageants de Line Renaud, tous les signes semblent converger vers une même direction. Que Kamel Ouali, mon idole, vienne lui-même me chercher sonne comme une évidence. Cette évidence me dit de me faire confiance et d'accepter ! Quand le destin vous tend des perches pareilles, il n'y a pas à tergiverser. Je prends donc mon courage à deux mains et je me lance.

Avez-vous déjà hésité devant des choix cruciaux, qui pouvaient faire basculer votre vie d'un côté ou de l'autre ? Je parierais que oui. Car, au-delà des différences de vie, de milieu ou de caractère, nous sommes tous, à un moment donné, mis en position de choisir, d'exercer notre libre arbitre. Même si l'existence semble parfois toute tracée, vient toujours le moment où un choix s'impose, que ce soit pour nos études, une carrière ou encore un partenaire de vie. Ce peut être aussi le choix de briser une routine qui ne nous convient pas, une vie qui ne nous ressemble pas, de sortir du mensonge. Il charge nos épaules d'une lourde responsabilité, et c'est ce qui nous effraie.

De mon côté, je déteste faire des choix, car je me demande toujours si je ne suis pas en train de faire une bêtise, si je ne vais pas regretter ma décision. Mais j'ai appris à faire confiance à mon instinct, à distinguer la peur, l'influence des autres et l'insécurité personnelle des motivations véritables, profondes. Depuis, je m'efforce de percevoir les signes, d'écouter la voix du cœur, qui est ma boussole la plus fiable. Ça peut paraître simpliste, mais rien n'est plus difficile que de poser un regard honnête sur soi et de savoir ce qu'on veut vraiment. Mon conseil, c'est d'aller vers ce qui vous ressemble, ce qui sonne juste. Le succès ne sera pas garanti, mais, quoi qu'il en découle, vous ne pourrez pas vous tromper.

SOUS LE FEU DES ATTAQUES

En février, des vacances très attendues me permettent de me ressourcer et de prendre une grande inspiration avant le défi qui s'annonce. Mais ce n'est pas le rythme soutenu des répétitions qui me faisait peur. Ce qui est le plus difficile à gérer, à l'aube de cette aventure, c'est le *bashing* dont je commence à faire l'objet.

Lorsque j'ai annoncé mon nouveau rôle sur les réseaux sociaux, j'étais loin d'imaginer la vague de réactions négatives que j'allais déclencher. Je pensais que les gens seraient simplement contents pour moi, que ça les inciterait peut-être à venir voir la revue. Mais, très vite, je reçois des messages agressifs, surtout de la part de danseurs professionnels qui estiment que je n'ai pas les épaules, que je ne suis pas légitime pour ce rôle, et que je vole la place de quelqu'un. Il s'agit souvent de personnes qui dansent depuis l'enfance, sans forcément qu'on leur ait donné leur chance dans ce milieu très compétitif. Je peux comprendre leur frustration, mais je n'en suis pas responsable non plus, et ces attaques me font l'effet d'un défouloir.

Certains me demandent pourquoi ils ne m'avaient pas vue au casting, sans doute parce qu'ils ignorent qu'il y a un casting spécial pour le rôle de meneuse, que ce n'est pas le même type de profil qui est recherché : au-delà de la performance, une meneuse apporte au spectacle sa notoriété, une visibilité supplémentaire. C'est le *deal*. Et puis je ne suis pas allée frapper à la porte du Paradis Latin pour m'imposer, c'est Kamel qui est venu me chercher. Bref, ces attaques me semblent injustes, et inutilement blessantes. Bien sûr, je sais que participer à *DALS* ne fait pas de vous un danseur d'élite du jour au lendemain, mais on ne peut pas me reprocher de ne pas jouer le jeu, de ne pas donner le meilleur de moi-même. Je crois avoir démontré que j'étais capable de travailler avec acharnement pour remplir mes engagements, et c'est bien ce que je compte faire ici encore.

Sa nomination a suscité des réserves autour de moi, mais Iris a su prouver qu'elle était parfaite pour le rôle, et la troupe l'a très vite adoptée. Je l'ai vue évoluer au cours des répétitions, travailler sans relâche, et affirmer la femme en elle. Après le Paradis Latin, elle poursuivra sans doute en tant qu'artiste, comme comédienne ou dans la comédie musicale, car elle a un talent de comédie naturel.

Kamel Ouali

Ces attaques sont difficiles à encaisser, et me rappellent les critiques dont j'ai fait l'objet à l'époque des concours de miss, dans une autre mesure. Elles appuient sur mes doutes, et augmentent la pression que je me mets déjà à moi-même. Parfois, je suis tentée de céder au découragement, je me dis : *Pourquoi je fais ça, ce n'est pas mon métier !* Mais la meilleure réponse que je peux apporter à mes détracteurs est de me concentrer sur les répétitions, de me focaliser sur mon objectif, afin de leur donner tort. Les critiques peuvent ainsi avoir des vertus positives, si on sait s'en servir comme carburant.

LE COMPTE À REBOURS

C'est dans ce contexte difficile que je commence les répétitions quotidiennes au Paradis Latin, en mars 2019 : huit heures de danse et deux heures de chant par jour. Près de trois mois après la finale de *DALS*, je retrouve la même cadence folle, le stress en moins : car, au lieu de devoir me produire chaque semaine, j'ai deux mois pour me préparer à la première.

À cause des critiques que j'ai reçues, je crains d'être froidement accueillie par la troupe. Les premiers jours, je me fais discrète, je ne veux surtout pas qu'ils me pensent hautaine ou trop sûre de moi. Je tâche de faire de mon mieux en danse comme en chant, de m'imprégner de l'atmosphère de la troupe. Rapidement, je constate que, comme pour le

Fashion Freak Show, chacun est bienveillant envers moi. À partir du moment où les autres danseurs voient que je suis sérieuse dans ma démarche et que je désire m'intégrer dans l'équipe, ils me témoignent de la gentillesse, du soutien, et font en sorte que je me sente acceptée. Il y a beaucoup d'entraide au sein de cette troupe, et, là encore, j'y vois la marque de fabrique de son directeur.

Kamel et Damien, mon professeur de chant, se montrent très patients et encourageants avec moi. Leur soutien m'apporte de la force, et calme un peu mes doutes. Malgré tout, les répétitions sont très difficiles. Nous avons un peu plus de deux mois pour monter le spectacle, alors qu'une revue nécessite en général un an de préparation ! La pression est forte. Et, physiquement, c'est très difficile, à tel point que je craque à plusieurs reprises. Certains jours, après avoir répété mille fois un enchaînement sans succès, je cède au découragement. Je suis persuadée de ne pas pouvoir y arriver, que je ne serai jamais à la hauteur. Pendant les répétitions de *DALS*, quand je ne réussissais pas un mouvement, Anthony s'adaptait aussitôt et m'en proposait un autre, plus à ma portée. Nous avions un timing très serré, nous ne pouvions pas nous engager dans une figure incertaine. Avec Kamel, c'est tout l'inverse. Il me pousse, encore et encore, il est confiant. Il sait que je vais y arriver. Qu'à force de répéter le pas finira par rentrer. Et il a raison ! C'est parfois laborieux, mais, grâce à cette attitude, il me transmet sa foi, et j'espère avoir gagné un peu de patience envers moi-même.

> *Mon travail avec Iris a été passionnant. Kamel m'avait demandé si je pouvais former sa meneuse de revue pour chanter en public, en seulement deux mois et demi Le défi était*

ambitieux ! Avant de m'engager, j'ai voulu la rencontrer pour avoir une idée de son niveau, de son potentiel et de la tessiture de sa la voix. Iris était une vraie néophyte, mais elle était réceptive aux exercices. Et surtout elle était résolue à travailler d'arrache-pied pour être capable de chanter en public tout en effectuant une chorégraphie, avec costumes et micros. Il a fallu beaucoup de persévérance et des cours de chant quotidiens pour qu'elle soit prête.

Damien Silvert

TOUT À PERDRE, TOUT À GAGNER

À quelques heures de la première, la situation semble dramatique. Deux blessés, la troupe épuisée, pas le temps pour un filage ni pour une répétition en costume… On ne se sentait pas du tout prêts, mais, au moins, on est tous dans le même bateau. Ça fait partie du défi. Il faut assurer, quoi qu'il en coûte, pour ne pas lâcher les autres, pour respecter tout le travail immense que chacun a investi dans le spectacle. Mais pas facile de maîtriser son stress, alors que la presse et le public vont découvrir la revue le soir même, et juger nos performances ! Plusieurs d'entre nous ont craqué, et, de mon côté, j'étais plus désemparée que jamais…

Outre que je manque de temps de préparation pour me sentir confiante, je suis stressée par divers petits imprévus, comme le fait de découvrir certains costumes le jour même, ou encore de devoir revoir mon entrée sur scène à cause d'un problème de matériel. À l'origine, je devais surprendre le public en arrivant par les airs, assise sur un siège qui me déposerait doucement sur la scène.

Mais, lorsque nous recevons le siège en question, il s'avère défectueux. Kamel estime qu'il était trop dangereux de l'utiliser, et, en attendant d'en obtenir un autre en bon état, il faut trouver une solution pour la première représentation. Il me demande donc d'entrer par le fond et de traverser toute la salle, en marchant entre les tables, jusqu'à la scène. Cette perspective me terrifie ! Je devrai passer à quelques centimètres du public, j'apercevrai sans doute des visages, des expressions susceptibles de me déstabiliser. Je sais que, si je croise le regard de ma mère, je risque de fondre en larmes. Mais je n'ai pas le choix, et l'heure fatidique approche…

Juste avant le spectacle, on se souhaite tous bonne chance, c'est un moment très fort, mon cœur bat à cent à l'heure. Les premiers numéros commencent et, comme les miens n'interviennent que plus tard, je me ronge les sangs dans ma loge en attendant mon tour. Quand le moment fatidique arrive, je prends une grande inspiration pour tenter de maîtriser ma peur. Du fond de la salle, je vois tous les gens installés, attendant la suite du spectacle, c'est terrifiant. Un projecteur se braque sur moi, et je me lance. Je suis pétrifiée, mais j'essaye d'adopter une démarche tranquille, sûre, tout en chantant ma première chanson. Les premiers visages apparaissent sous mes yeux, des visages curieux, visiblement contents. Je me concentre sur mes pas, sur ma voix, sur les quelques mètres restants… Et c'est là que je croise le regard tant redouté de ma mère. Comme je m'y attendais, elle est en pleurs ! Je sens aussitôt une émotion violente me monter à la gorge. La rendre fière et lui apporter des moments de bonheur comme celui-ci comptent parmi mes plus belles réussites. Mais, si je m'attarde ne serait-ce qu'une seconde sur cette pensée, les larmes suivront immanquablement. Aussi, je m'efforce de contenir mon émotion et de poursuivre mon entrée… Un exploit !

Passé ce moment intense, les tableaux s'enchaînent avec

succès, malgré quelques imprévus. Le plus impressionnant d'entre eux aurait pu me coûter cher. Lors d'un numéro, un rideau de scène censé se fermer reste coincé, et ne se ferme pas entièrement ; je reste donc un peu en retrait de ma place habituelle pour chanter l'une de mes chansons. À cet instant, un contrepoids – un de ces poids très lourds utilisés pour soulever des objets au théâtre – s'écrase juste à l'endroit où j'aurais dû me trouver ! Tétanisée intérieurement, je continue néanmoins de chanter comme si de rien n'était, m'efforçant de ne pas réagir lorsqu'un technicien s'avance discrètement sur scène, à quatre pattes, pour évacuer le contrepoids. C'était à la fois déstabilisant, effrayant et un peu burlesque ! Certains spectateurs ont cru que ça faisait partie du numéro, ce qui signifie qu'on ne s'en est pas trop mal sortis pour camoufler les choses.

Mis à part ces incidents, la première s'avère une réussite. Nous sommes tous si heureux, si fiers d'être arrivés jusqu'au bout ! Cet exploit me semblait si incertain quelques heures plus tôt ! Bien sûr, c'est l'une des moins bonnes représentations, puisque nous sommes moins rodés que par la suite. Mais, émotionnellement, c'est sans aucun doute la plus intense, la plus riche en sensations.

LE RYTHME S'INSTALLE

Rapidement, les retours de la première tombent, et nous confortent pour la suite : le public a aimé, les critiques sont positives. Je suis soulagée, et c'est peu dire ! Depuis les réactions négatives que ma nomination en tant que meneuse de la revue a déclenchées, je sentais une pression immense peser sur moi, et je savais que ma prestation serait jugée sans complaisance. Rassurée par l'accueil du public et de la critique, je peux enfin me sentir légitime et profiter au maximum des moments passés sur scène.

Depuis DALS, nous sommes restés amis. Iris a même fait appel à moi pour réaliser sa chorégraphie dans le Fashion Freak Show. *Et maintenant elle brille au Paradis Latin : elle y danse, elle chante, elle est sublime, je suis fier d'elle. Plus tard, elle tentera peut-être sa chance au cinéma, ou à Bollywood ! Elle adore ce style de films, et ça lui correspond !*

Anthony Colette

Après cette première représentation, d'autres suivent et le rythme s'installe. On partage quelque chose de très fort avec le public, quelque chose d'intime, sans l'obligation de perfection qu'implique un *prime* devant des millions de téléspectateurs. Au cabaret, nous sommes entre nous, la salle ne peut contenir *que* sept cents personnes, et un faux pas ne comporte pas les mêmes risques qu'à la télévision. Chaque soir, nous jouons la même revue, et pourtant, comme pour le *Fashion Freak Show*, chaque soir est unique. Le public change, l'ambiance est différente, les spectateurs sont plus ou moins réactifs, et cette alternance nous stimule et nous fait relativiser : même si le spectacle reste le même, nous ne pouvons ni contrôler ni prévoir l'accueil du public. Cela nous oblige à lâcher prise, à accepter d'être surpris. Et cela nous évite aussi de nous endormir.

Le risque, lorsque l'on se produit pendant des mois, est de perdre le rythme, de se reposer sur ses lauriers et de négliger l'entraînement quotidien. C'est souvent à ce moment-là que ça risque de ne plus marcher. C'est pourquoi je continue de pratiquer mes exercices de chant tous les jours ; et malgré ça je reste stressée avant chaque représentation. Aujourd'hui, la troupe est résolument soudée par tous ces moments partagés, et je pense que la grande solidarité qui règne entre nous est palpable sur scène. Quand il y a un petit coup de mou pendant le spectacle, des membres de l'équipe vont se poster dans la salle pour mettre l'ambiance, afin d'encourager le public à réagir. C'est très important pour nous, pendant le show, de sentir le public en osmose !

Iris est une fille adorable, notre collaboration s'est très bien passée : originaire du Nord comme moi, c'est une vraie bosseuse, qui a beaucoup assimilé en très peu de temps. J'espère que la chanson fera partie de son avenir, car elle a tout pour réussir : l'envie de partager, le lien avec le public et un très joli timbre de voix, mêlant émotion, douceur et sex-appeal.

Damien Silvert

INFLUENCEUSE

Parallèlement à cette expérience très prenante, je poursuis mes autres activités. Quelques semaines après la première, je me rends comme chaque année au Festival de Cannes pour la montée des marches. C'est un événement incontournable qui, au-delà de la programmation cinématographique, concentre beaucoup de personnalités, de fêtes inoubliables et de bonnes énergies ; j'ai toujours plaisir à y participer.

Cette année, je suis d'autant plus heureuse de m'y rendre que le magazine *Forbes*, qui m'a élue à son top 5 des femmes les plus influentes sur les réseaux sociaux, souhaite m'interviewer. Cette distinction me touche

Look « red carpet »

C'est toujours la même routine que pour le teint, avec un fond de teint un peu plus couvrant, afin d'avoir un teint zéro défaut sous les flashs.

Les yeux de biche

Il s'agit obtenir des *smoky eyes*, dans des teintes marron cuivré.

- Appliquer un fard crème marron à reflet cuivré sur toute la paupière mobile.
- Dégrader le fard gras à l'aide d'un fard à paupières marron chaud plus clair, tout en étirant l'œil vers l'extérieur, afin de lui donner une forme féline.
- Passer de l'eye-liner au ras des cils supérieurs.
- Appliquer un fard doré au ras des cils inférieurs, afin de faire pétiller l'iris de l'œil.
- Une paire de faux cils complétera ce look glamour.

La bouche

Afin d'éviter tout fashion faux pas, il faut garder une bouche relativement nude, car l'œil est déjà chargé.

Appliquer un gloss bois-de-rose pour rehausser la couleur de la bouche, tout en la gardant naturelle et chic.

Astuce : pour éviter de trop assombrir le regard, appliquer au coin interne de l'œil une touche lumière à l'aide d'un fard irisé doré. Cela apportera de la lumière au maquillage.

Coiffure : la glam wave

- À l'aide d'un fer à friser, réaliser toutes vos boucles dans le même sens, sur l'ensemble de la chevelure.
- Laisser bien refroidir.
- À l'aide d'un peigne à larges dents, peigner l'ensemble de la chevelure, afin d'obtenir une vague.
- Tracer une raie de côté.
- Placer les cheveux, et les fixer à l'aide d'une laque souple.

Astuce : pour un look impeccable : appliquer une brillantine (gloss à cheveux) qui, sous les flashs, donnera une brillance incroyable à vos cheveux.

beaucoup. C'est pour moi une belle consécration d'être mise en avant dans un magazine consacré au business et à l'entrepreneuriat, et plus seulement dans la presse people. C'est aussi la reconnaissance d'une part importante de ma vie : les réseaux sociaux. Car animer mes pages Instagram et Facebook fait désormais partie de ma vie. J'y cultive un lien unique avec ma communauté, des gens qui me suivent depuis des années ou juste occasionnellement. Ces interfaces me permettent de leur parler directement, sans le filtre d'un journaliste ou d'un montage vidéo, de dépasser l'image forgée par les médias.

Sur les réseaux, je me montre telle que je suis, je peux déployer toutes mes facettes, me montrer joueuse, sexy, nostalgique, rêveuse, engagée… Grâce à mes tutos, je partage aussi mes secrets de beauté, pour vous faire découvrir un peu plus mon quotidien. Pour moi, c'est un acte de partage. Avec le palmarès de *Forbes*, je prends conscience que cette notoriété est aussi une responsabilité. Influenceuse, c'est une casquette supplémentaire, un rôle à assumer. Un rôle flatteur, car de nombreuses femmes vont prendre exemple sur moi, prêter attention à ce que je dis, à ce que je fais. Mais aussi un rôle qui ne me laisse pas le droit à l'erreur.

Je reçois au quotidien des tonnes de messages de mes abonnés (plus de mille par jour !). Je ne peux bien évidemment pas répondre à tous, mais cela montre à quel point les gens se sentent proches de moi. Parfois, ils me félicitent, m'envoient un mot gentil ou une blague qui me fera éclater de rire. D'autres fois, ils se confient sur leur vie, leurs problèmes, leur manque de confiance en eux, leurs joies et leurs tristesses. Il arrive que certains m'expriment une souffrance profonde, qui me touche beaucoup mais que je ne peux malheureusement pas gérer à moi seule.

Leur aveu est cependant un vrai signe de confiance, et de proximité.

Je reçois aussi des commentaires plus critiques, comme je l'ai dit, que ce soit sur mes choix de carrière ou sur une photo postée sur Instagram. Quand je poste un tuto *make-up*, on me reproche d'être trop maquillée, pas assez « naturelle », on me dit que je n'ai pas besoin de ça. À l'inverse, quand je mets en ligne une photo sans maquillage, on me reproche de me négliger, d'avoir l'air « masculine », de ne pas faire d'efforts. Vous l'aurez compris, on est critiqué quoi qu'on fasse, et les reproches sont souvent contradictoires. La mode du *body positive*, censée inciter les femmes à s'accepter, porte un beau message, mais, dès lors qu'on l'utilise pour donner des injonctions supplémentaires, elle produit l'effet contraire.

Quand je participais à des concours de beauté, je ne me sentais belle que si j'étais maquillée ; c'était ce qui permettait aux candidates de se mettre en valeur, et de gagner. À force, j'ai fini par penser que c'était ce qu'on attendait de moi. Il m'a fallu du temps pour me défaire de cette idée, mais, aujourd'hui je me sens belle au naturel. On est belle lorsqu'on se fait confiance, lorsqu'on est vraie. La beauté vient de l'âme, et chacune est belle à sa façon. On ne doit pas se sentir obligé de suivre une mode. Suivons notre désir, ce qui nous fait nous sentir bien ! Si ce qui vous met à l'aise, c'est de vous maquiller, alors n'hésitez pas. Si au contraire, vous ne vous sentez bien qu'au naturel, suivez votre instinct. Il n'y a qu'ainsi que vous vous sentirez en confiance, fidèle à vous-même. Bien sûr, je sais combien il est difficile de se sentir belle sans *make-up*, alors que tant de personnalités ne s'affichent que maquillées. Difficile de s'apprécier au naturel, quand le *nude* est aussi le nom donné à un type de maquillage, certes discret, mais sophistiqué et qui n'a rien de « naturel ». Notre visage au saut du lit ressemble rarement au *make-up nude* très travaillé qu'on voit passer sur Instagram, et cela ne fait que donner des complexes supplémentaires aux femmes.

Si la beauté n'est pas une affaire de maquillage, elle n'est pas non plus une affaire de poids. Qu'on soit maigre, pulpeuse ou ronde, je trouve triste qu'on soit constamment obligé de se justifier sur son poids, de répondre aux injonctions tyranniques sur la silhouette supposément idéale. Certains nous jugerons trop maigres, d'autre scruteront le moindre bourrelet, et souvent, ces critiques nous touchent profondément, bien malgré nous. Encore aujourd'hui, je peux ressentir la souffrance de certains à travers les commentaires qu'ils postent, et cela me fait mal au cœur, car je perçois alors l'étendu du mal être lié aux normes physiques. Là encore, la beauté n'a rien à voir avec ces injonctions. Aucune balance ne va mesurer votre degré de beauté, et encore moins les qualités qui vous rendent belles de façon unique, comme l'intelligence, l'humour, la gentillesse, la générosité…

Ce que je prône, à travers mes posts, c'est la liberté de faire ce que l'on veut, de s'habiller et de se maquiller selon ses goûts, qui peuvent changer d'un jour à l'autre. Tous les styles sont possibles ! Ce qui compte, c'est d'en choisir un qui nous ressemble, sans se laisser atteindre par les critiques. C'est le manque de confiance en soi qui nous rend vulnérables, soucieux du regard des autres. C'est pour cela qu'à travers mes différents posts j'espère vous inspirer l'envie de vous révéler, d'assumer votre look, et surtout de vous faire plaisir !

Les cinq coiffures d'Iris

1. La coupe lisse

Faites une raie au milieu de la tête, et coiffer vos cheveux de part et d'autre.

Lissez-les à l'aide d'un fer à lisser : ils doivent être le plus raides possible.

Sur le plat de la tête (là où, si vous poser un peigne, il tiendra tout seul), faites une raie transversale allant d'une oreille à l'autre, comme un serre-tête.

Attachez les cheveux de la zone arrière du crâne, pour ne pas être gênée.

Brossez les cheveux de la zone avant, et ramenez les deux mèches sur le bas de la nuque, en passant derrière les oreilles. Attachez-les avec un élastique transparent.

Relâchez le reste des cheveux par-dessus, et passez de la laque.

Variante : existe aussi avec une raie de côté.

2. Le chignon tressé

Faites une queue de cheval sur le sommet de la tête, le plus haut possible. Les cheveux doivent être bien nets, plaqués sur la tête.

Prenez une large mèche de la queue de cheval, et tressez-là de tout son long. Attachez-la avec un élastique.

Entourez la queue de cheval autour de sa base, et fixer le chignon avec des épingles.

3. La coiffure à deux mèches

À l'aide d'un fer à friser, bouclez vos cheveux sur toute leur longueur, pour leur donner un effet *wavy*. Pour séparer les boucles et leur donner du volume, passez la main dans vos cheveux et renversez la tête vers le bas.

Ramassez vos cheveux en queue de cheval en gardant un aspect brut, pas trop net.

Gardez deux mèches libres à l'avant du visage.

Variante : avec un chignon bas, toujours brut.

4. Le bandeau tresse

Sur le plat de la tête, faites une raie transversale allant d'une oreille à l'autre, comme un serre-tête.

Attachez les cheveux de la partie arrière pour ne pas être gênée.

Sur la partie avant, réalisez deux tresses plaquées en partant des oreilles, et jusqu'au bout des cheveux. Rabattez-les en serre-tête, l'une sur l'autre, et fixez-les avec des épingles.

Relâchez le reste des cheveux.

5. La queue de scorpion

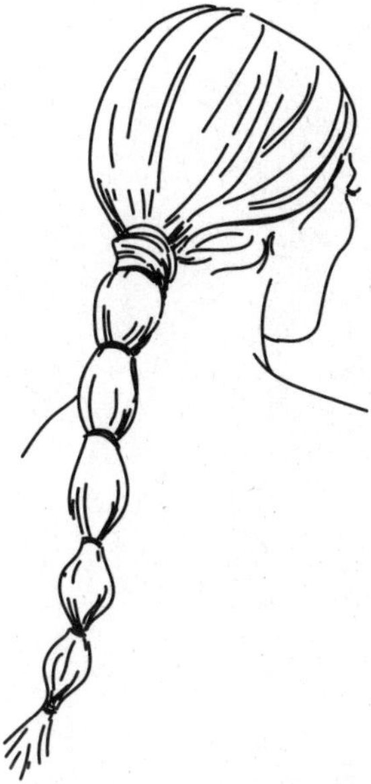

Faites une queue de cheval simple et bien nette.

Enroulez la base avec une mèche, fixez-la avec des épingles.

Sur toute la longueur de la queue de cheval, placez des élastiques transparents tous les 4 cm environ.

À la pointe de la queue, prenez une mèche au milieu et tirez légèrement dessus.

Conclusion

Depuis mon parcours de miss, j'ai profité à 100 % de chaque aventure, de chaque défi relevé. Le destin m'a offert des opportunités extraordinaires, qui, par leur ampleur, leur exigence et leur exposition médiatique générant beaucoup de pression, m'ont permis de me dépasser et de donner le meilleur de moi-même. Après *DALS*, un beau chemin vers la danse et le cabaret s'est offert à moi, un chemin qui m'a permis de rencontrer mon idole et de réaliser mon rêve de petite fille.

Je ne sais pas ce que l'avenir me réserve, mais je tiens à rester ouverte à toutes les voies artistiques qui se présenteront à moi. Je ne souhaite pas figer l'avenir en adoptant un plan de carrière rigide et précis. Je suis consciente que les rêves changent, que mes désirs évolueront avec moi, et j'ai foi en l'avenir. J'ai la certitude que, tant que je resterai alignée sur mes valeurs, tant que je serai à l'écoute de mon intuition, fidèle à ce que mon cœur me dit, je ne pourrai pas me tromper.

Quand j'étais plus jeune, je pensais qu'à ce stade de ma vie j'aurais un métier stable dans le secteur dentaire, un mari, des enfants, comme ma mère à mon âge. Mais le destin en a décidé autrement, il m'a détournée de cette voie qui semblait toute tracée. On ne sait jamais de quoi demain sera fait, et c'est très bien comme ça. C'est cette incertitude qui nous permet d'être constamment surpris par la vie, d'élargir nos horizons, d'activer des potentiels insoupçonnés. J'ai encore mille choses à découvrir : je suis tentée par le métier de comédienne, par l'univers de Bollywood, qui réunit la danse, le chant et l'*acting*, mais aussi par le stylisme… Je compte lancer ma propre marque de maroquinerie, un projet qui me tient à cœur depuis longtemps et qui verra le jour en 2021.

Du point de vue de mon engagement personnel, je m'implique tous les ans aux côtés de Sidaction. Cela a toujours été une évidence pour moi. En raison des incroyables avancées obtenues, nous pourrions penser que le combat est terminé. Cependant, ne crions pas victoire trop vite. La lutte contre le virus du SIDA n'est pas du tout terminée. Ma génération a encore tendance à l'oublier. Oui, aujourd'hui on vit avec le VIH, mais on n'en guérit toujours pas. Nous sommes tous concernés. Il est important de continuer d'en parler et de ne pas le banaliser. Il existe aujourd'hui de nombreux moyens pour se protéger et il faut le faire savoir. J'ai à cœur de faire passer ces messages fondamentaux, notamment aux jeunes qui me suivent sur les réseaux sociaux. Je compte donc poursuivre et intensifier mon engagement aux côtés de deux personnes que j'aurai à nouveau la chance de côtoyer : Line Renaud et Jean-Paul Gaultier, mes anges gardiens. Ensemble, nous allons mettre en place de grandes choses et, je l'espère, aider cette cause si importante.

Aujourd'hui, je suis fière de mon parcours et en paix avec mes choix. Mais mes vrais moments de bonheur restent ceux partagés avec ma famille : être avec les gens que j'aime, voir grandir mon neveu, avec qui je construis une belle relation, accueillir sa petite sœur, ma nièce, encore bébé… Ces plaisirs simples, mais devenus trop rares, me nourrissent en profondeur et me rappellent ce qui est vraiment important.

Dans ce tourbillon qu'est ma vie depuis quelques années, j'ai plus que jamais besoin de ma famille, mais aussi d'ancrage. C'est pourquoi j'ai décidé d'acquérir mon propre appartement, un véritable chez-moi : un lieu à mon image, où me ressourcer et accueillir mes proches, et qui me permettra de donner libre cours à ma créativité. C'est une nouvelle étape dans ma vie et il me tarde de la partager avec vous, tout comme la suite de mes aventures !

REMERCIEMENTS

Un grand merci à mes parents, mes grands-parents, mon frère et mes sœurs, et toute ma famille : vous m'avez toujours soutenue dans mes choix, même dans ceux qui n'étaient pas forcément écrits...

Merci à la Délégation de Miss Nord-Pas-de-Calais, les deux Dominique qui m'ont fait faire mes premiers pas de Miss.

Merci à William, pour son aide si précieuse et son soutien sans faille.

Merci aux équipes de Miss France, Sylvie, Célia, Olivier et Christopher qui m'ont accompagnée

au quotidien durant cette belle année mais aussi jusqu'à la couronne de Miss Univers et au-delà !

Merci à Camille, qui m'a donné la couronne de Miss France et tant d'autres choses, dont une amitié sincère.

Merci à la famille de Miss France et notamment a Valérie et Malika pour leurs gentils mots dans ce livre.

Merci à Arnaud pour son coaching particulièrement efficace, sa présence et sa bienveillance.

Merci à Paula et Esther, ainsi qu'à toute l'équipe de Miss Univers pour ce rêve éveillé que j'ai eu la chance de vivre pendant un an lors de cette année new-yorkaise si excitante.

Merci à Christophe Beaugrand et Denis Brogniart de m'avoir si gentiment accueillie dans la famille *Ninja*

Warrior et aux équipes de TF1 Ara Aprikian, Fabrice Bailly, Rémi Faure, Julien Degroote, Frederic Pedraza et Déborah Nahon de continuer à m'accompagner.

Merci à Jean-Paul Gaultier, qui m'a de nouveau fait confiance et m'a permis de fouler les planches d'une grande salle parisienne pour la première fois. J'y ai très vite pris goût !

Merci à Kamel : quand j'ai écrit la première version de ce livre, j'ai parlé innocemment de mon rêve de petite fille… jamais je n'aurais imaginé qu'il allait se réaliser ! Je te dédie cette nouvelle édition car avoir pu devenir ta danseuse est bien la preuve qu'il faut « Toujours y croire ».

Merci à Walter, Cassy et toute ma merveilleuse troupe du Paradis Latin avec qui j'ai le plaisir de jouer sur les planches de cet incroyable Cabaret.

Merci à toutes les équipes d'Harper Collins pour avoir donné vie à ce beau projet. Merci à Emmanuelle, Sandrine, Pauline, Chloé, Léa et Mathieu et toutes leurs équipes pour leur implication pendant ces nombreux mois.

Merci infiniment à Line Renaud, ma source d'inspiration, un modèle d'exception. Je suis tellement touchée par vos mots et honorée que vous ayez accepté de signer cette préface.

Enfin, à tous mes fans de la première heure : votre soutien et votre amour me permettent de toujours y croire...

Crédits photographiques du cahier photos

Composé et édité par HarperCollins France.

Achevé d'imprimer en octobre 2019.

CPI
BLACK PRINT

Barcelone

Dépôt légal : novembre 2019.

MIXTE
Papier issu de sources responsables
FSC® C108412
FSC
www.fsc.org

Pour limiter l'empreinte environnementale de ses livres, HarperCollins France s'engage à n'utiliser que du papier fabriqué à partir de bois provenant de forêts gérées durablement et de manière responsable.

Imprimé en Espagne.